手作り気功シールと1円玉だけで、
あなたも今すぐ気功師になれる！

ナポレオン気功

マックス超気功 代表
大原弘詩

健康上の問題改善や開運目的での
活用39例を詳細解説

はじめに

＝あなたは、あなた自身の力で健康体に戻れます＝

「気功」と聞いて、あなたはどんなイメージを思い浮かべますか？

「気功師にやってもらう治療法」

「修行を積まないとできない」

「難しくて不思議な方法」

そんなイメージを抱く人が多いのではないでしょうか。

しかし、気功は難しいものではありません。限られた達人や、修行を積んだ気功師だけができるというものではなく、実は誰でも自分でできるのです。

「といっても、練習が必要でしょ？」と思われるかもしれませんが、答えは「いいえ」です。本書で提唱するのは、あなたが今すぐに行える気功法です。あなたが練習する代わりをしてくれるのが、本書で紹介する「気功シール」です。

気功シールは、本書の付録に見本をつけていますが、12ページで述べる通り、あなた自身で簡単に作れます。

この気功シールは、宇宙エネルギー（気）を受け取って集め、心身に作用させるツールです。それを使うことで、誰でも簡単に気功を行い、宇宙エネルギーを利用できるのです。

子供時代から、長年、頑固な疾患に悩まされてきた私は、治療法を探し求め、最終的に気功にたどり着きました。何をしてもよくならなかった症状が、見事に気功でよくなったのです。

同時に、治療法を探し求めて高名な気功師や治療師に会い、あちこちで神様に祈るなか、強力なエネルギーを受け取り、いつのまにか私自身も気功ができるようになっていました。

自分を救ってくれた気功を、皆さんのために役立てたいと考え、10年ほど前から気功師としての活動を始めました。これまでに、３００人くらいの方々に気功を施しています。

多くの人に気功を施すなかで、私を介さなくてもクライアントさん自身で簡単にでき、健康上の悩みの解決や願いの実現に役立つ方法があれば…と思うようになりました。そして、できあがったのが、気功シールを用いるナポレオン気功です。

気功シールは、正三角形を上下逆に組み合わせた「六芒星」の中に「光」という字を書いて作ります。図形と字が宇宙エネルギーと太陽パワーを集めるので、このシールを貼るだけで、気功が可能になるのです。

また、気功シールを1円玉に貼って使うと、さらにエネルギーを集めて維持する力が高まります。1円玉がコンデンサー（電子媒介装置）の役目を果たすからです。

本来、宇宙エネルギーや太陽パワーを受け取る力、それを操る力は誰もがもっており、すべての人が気功師です。自分の心身を癒すのに十分な力が、すべての人に備わっています。

あなたは、あなた自身の力で健康体に戻れます。さらに壮健な体にもなれます。そして、さまざまな願いや望みを叶えることもできます。

本書は、それを可能にするナポレオン気功のガイドブックです。あなたの人生をよりよく変える本として、お役立ていただければ幸いです。

目次

はじめに　3

1　用意するのは気功シールと1円玉だけ！誰でも簡単にできる「ナポレオン気功」とは

最もパワフルな「六芒星」と「光」の組み合わせ　10
光の気功シールの作り方　12
1円玉と組み合わせればコンデンサー療法に　14
気功シールを自分の体もしくはイラストなどに貼る　16
気功シールを貼ったら言葉を唱える　19
言葉を唱えてから5つ数える理由　21
気功シールと組み合わせる、もう一つの療法「ゼロ磁場療法」　23
スピードを重視することから「ナポレオン気功」と命名　25

2　症状別・目的別ナポレオン気功39例

〔日常の不調〕

疲れ28／肩こり30／五十肩32／疲れ目34／鼻づまり36／花粉症38／カゼ40／咳・痰42／腰痛44／ひざ痛46／頭痛・片頭痛48／便秘50／痔52／生理痛54／もの忘れ56／むち打ち58／肌荒れ60／尿もれ62／下痢64／不眠症66／ストレス68

〔治療の補助として〕

胃痛・胃潰瘍70／蓄膿症（慢性副鼻腔炎）72／感染症（インフルエンザや新型コロナなど）74／白内障76／加齢黄斑変性78／アレルギー（アトピー性皮膚炎）80／関節リウマチ82／脂肪肝84／不妊症86／前立腺肥大88／糖尿病90／ガンに伴う痛み92

〔そのほかの悩みや願望〕

運勢向上・望みを叶える94／人間関係96／恋愛・家族関係98／失恋100／トラウマ102／勇気・やる気が出る104

3 もっと知りたい！ ナポレオン気功Q＆A 107

4 今すぐ使えるイラスト資料集 119

おわりに 149

1

用意するのは気功シールと1円玉だけ！
誰でも簡単にできる「ナポレオン気功」とは

●最もパワフルな「六芒星」と「光」の組み合わせ

すべての人は、少なくとも自分の体に関しては「気功師」です。「気」を取り込んだり、調整したり、体内に巡らせたりすることで、体を元気にできます。

「気」とは、宇宙エネルギー、生命エネルギーとも言いかえられます。中医学では、気は生命の源であり、それを滞りや偏りなく体内に巡らせることで健康が保てるとしています。

気は宇宙には無尽蔵にあり、人はそれを受け取って生きています。気を受け取り、集める役目を果たしてくれるのが、本書で紹介する「気功シール」です。

気功シールは、そのまま貼るだけでも気を集め、巡らせる働きをしますが、さらにその作用を高めたいときには、気功シールを1円玉に貼って使います。

気功シールか、それを貼った1円玉を、症状や目的に合う場所に貼ったうえで、自分の心身に対して言葉を唱えるのが「ナポレオン気功」です。

気功シールは、正式には「光の気功シール」といい、正三角形を上下逆に組み合わせた星形の中心に、「光」という字を書いて作ります。

正三角形を上下逆に組み合わせてできる図形、つまり突起を6つもつ星形は、「六芒星」と呼ばれます。昔からエネルギーをもつ（集める・発する）図形として知られ、イスラエルの国旗に使われており、「ダビデの星」とも呼ばれています。

英語ではヘキサグラムといい、ヒランヤ（古代インドのサンスクリット語で「黄金」の意味）とも呼ばれ、魔除けにもなると伝えられています。

六芒星は、宇宙エネルギーを集めるのに最適な形です。そもそもとがった山型であれば気が入ります。日本で多くの山に神が宿るとされるのも、このことに関係するのかもしれません。棒でも気が入るので、とがった形が重要です。六芒星は、とがったところが6つ、きれいに並んでいるので宇宙エネルギーが入りやすいのです。

私は、せっかく気功シールを作るなら、宇宙エネルギーだけではもったいないので、そこに太陽パワーも入れようと考えました。それで、六芒星の中に「光」という字を入れることにしたのです。

かつて私が気功療法を教わった忍田光《おしだあきら》先生という気功師がいます。多くの人を癒し、苦しみから救った先生ですが、その忍田先生が用いておられたのが、六芒星を記したカードでした。

私が気功シールを考案したのは、晴明神社（平安時代の陰陽師・安倍晴明を祀る京都市の神社）にお参りしたあとで、突然閃いたのが直接的な経緯ですが、そのさいに忍田先生のカードもヒントにしました。

忍田先生はこのカードに、ご自分の名前として「光」という字を入れておられましたが、私の気功シールでは、太陽パワーを意味するものとして「光」という字を入れています。ですから、どなたでもご自分で作ることができます。

実は、「愛」という字や「神」という字にも太陽パワーを集める力があるので、それらの字を使うことも検討したのですが、いろいろと調べた結果、「光」という字と六芒星の組み合わせが、最もパワーを生み出すことがわかったので、その組み合わせにしました。

●光の気功シールの作り方

気功シールは、本書の付録としてつけていますが、誰でも自分で簡単に作れます。ここで、作り方をご説明しておきましょう。

六芒星の形は、121ページに見本を掲載してあります。

上段の図は、私が「光」という字を書き入れた図形です。こちらはコピーして切り抜くだけで使えます。

下段の図は、「光」という字をご自分で書きたい人向けに、六芒星の中を空白にしています。これを使う場合は、コピーするか、描き写したあと、その中央部分の六角形で囲まれた部分に、ご自分で「光」という字を書き込んでください。「光」という字を書き込むときには、「太陽の光、月の光、星々の光が、この光という字に入ります」と言って、そのイメージを念じながら書きましょう。

描き写す場合の紙は、一般的なコピー用紙やメモ用紙など、どんなものでもかまいません。ただ、皮膚に貼ることを考えると、厚過ぎず、しかもある程度丈夫な紙を選ぶとよいでしょう。筆記具もどんなものでもよく、色は黒に限らず好きな色でけっこうです。

本書の図をコピーするほか、パソコンやスマホで「六芒星」と検索すれば図形が出てきますので、それを印刷したり、写し取ってもかまいません。いずれの場合も、シールの大きさは、1円玉と同じ直径20㎜か、それより少し大きいくらいにします。

出来上がりのイメージは、付録のシールも参考にしてください。

●1円玉と組み合わせればコンデンサー療法に

六芒星と光の字を組み合わせた気功シールは、先ほど触れた通り、1円玉に貼れば、さらにパワーを増して便利に使うことができます。

金属には、皮膚や筋肉の中にある「プラスイオン」を吸い取る力があります。その力の強さは金属の種類によって違っており、特に1円玉の素材であるアルミニウムは強いといわれています。

イオンとは電気を帯びた微粒子のことで、絶えず私たちの周りに発生しています。「自然の滝や森林には体にいいマイナスイオンが豊富」といわれることは、多くの人がご存じでしょう。それでわかるように、マイナスイオンは体をリラックスさせたり、空気を清浄にしたりと、心身によい作用をします。

逆にプラスイオンは、体の酸化を促したり、毒素の排出をじゃましたりと、よくない作用をします。

例えるなら、プラスイオンは体にとっては雑草のようなものです。お米や農作物を作るときには、放っておくとどうしても雑草が生えてきて、収穫の効率が悪くなるので、草取りをしなければなりません。

プラスイオンも、放っておけば、絶えず身の回りに生じて体に悪さをします。特に、電化製品の多い場所や交通量の多い環境では、プラスイオンが発生しやすいといわれています。そのプラスイオンを草取りのように除く作用を、アルミニウムでできた1円玉がしてくれるのです。

1円玉のメリットはそれだけではありません。気功シールを1円玉に貼ると、放っておくだけで24時間、宇宙エネルギーとともに体によいマイナスイオンが1円玉の中に入ります。それが必要に応じて放出されて体に入るのです。

つまり、気功シールと組み合わせることで、1円玉にコンデンサー（電子媒介装置）のような働きをさせることができるのです。そこで、私は気功シールと1円玉を組み合わせて使うこの方法を「コンデンサー療法」と呼んでいます。

1円玉に貼って使うのが面倒な人や面倒なとき、症状が比較的軽いときなどは、もちろん気功シールだけを貼る方法でかまいません。ひと手間かけてナポレオン気功を念入りにしたいとき、パワーを高めたいとき、シールだけではパワー不足を感じるときなどに、1円玉を使ったコンデンサー療法を行うとよいでしょう。

コンデンサー療法を行うときは、まず、1円玉を用意します。

1円玉が用意できたら、中性洗剤で軽く洗って乾かしたあと、気功シールを貼ります。1円玉の表側に貼っても裏側に貼ってもかまいません。

気功シールが1円玉より外側にはみ出した場合は、そこを折り込んで、1円玉を包み込むような感じで貼ってください。

付録のシールは、裏が粘着テープになっているのでそのまま貼れますが、紙で作った気功シールの場合は、接着剤やセロテープなどではがれないようにしっかり貼りましょう。あるいは、シールの裏に両面テープを貼ってから、1円玉に貼る方法もあります。

気功シールをしっかり貼ったら完成です。

目的の症状などに合わせて、必要な数を用意しますが、いろいろな用途に使えるように、やや多めに作っておくのもよいでしょう。

●気功シールを自分の体もしくはイラストなどに貼る

気功シールには、大きく2つの使い方があります。

1つは体の皮膚に直接貼る方法です。貼る場所は、症状別・目的別に27ページ以降でご紹介しています。この場合、症状が比較的軽いときは気功シールだけ、比較的重い症状のときには、1円玉に気功シールを貼ったものを使うとよいでしょう。

絆創膏などを使って体に貼りますが、長く貼るとかぶれる恐れがあるので、かぶれにくい絆創膏を使うとよいでしょう。

気功シールを貼った1円玉を使う場合は、1円玉の側を皮膚に当てましょう。肌に貼るときは、シールのみの場合に比べて重みがあってとれやすいので、大判の救急絆創膏などを使うとよいでしょう。いずれの場合もかぶれないように気をつけ、肌がかゆくなったらそっとはがしてください。

なお、シールを自分の腹部に貼る代わりに、腹巻きやベルトに貼る方法もあります。腹巻きなどに直接貼りにくいときは、まず薄手のハンカチにシールを貼り、それをたたんで腹巻きなどにはさむとよいでしょう。

症状の改善が目的の場合、一番いいのは、このようにご自分の体に貼ることです。それによって直接の反応が得られます。ただ、貼りにくい場所もありますし、皮膚に貼るとかゆくなるという人もいるでしょう。そういう場合は、もう1つのやり方として人体図や臓器・器官の図に貼ってください。体に貼るのと、ほぼ同じ作用が得られます。貼るための図は、巻末にイラスト資料集としてまとめてあります。

次章の症状別・目的別の各項目では、使用する図のページ番号を記載していますので、それに従って図を使ってください。

この場合、気功シールは、本に直接貼っても、コピーして貼っても、写し取って使ってもけっこうです。ただ、できるだけ本には直接貼らずに、コピーするか、写し取るかして貼っていただくと、くり返し使えるので便利です。

貼りたい臓器や器官によっては、本の図の大きさだと、小さくて気功シールを貼りにくい場合もあるでしょう。その場合は、図を拡大コピーしたり、ご自分で大きく写し取ったり（厳密でなくても、できる範囲で写し取ればＯＫ）してから貼るとよいでしょう。


症状があるときのほか、人間関係などの悩みを解決したいときや、願いを叶えたいときにも、ナポレオン気功は使えます。その場合は、対応する図にシールを貼ります。そのやり方も次章に紹介してあり、使用する図のページ数も記載してあります。

人体図などと同じく、本に直接貼っても、コピーしたり、写し取ったりして貼ってもけっこうです。

症状の改善が目的の場合も、悩みの解決や願望成就が目的の場合も、図に貼るシールの枚数をふやせば、パワーを高めることができます。通常は1〜3枚程度でけっこうですが、頑固な症状のときや、強い願望のときなどは、枚数を増やし、重ねて貼りましょう。最大で30枚くらいはったほうがよい場合もあります。

●気功シールを貼ったら言葉を唱える

ナポレオン気功では、このようにシールを貼ったうえで、決まった言葉を唱えます。唱える言葉は、症状や目的によって違ってきます。その言葉も、次章でご紹介していますので、記載の通りに唱えてください。

ナポレオン気功で言葉を唱えるときの1つのコツは、体の血液や各臓器、器官、体内にいる病原体などに、「命令」する気持ちで行うということです。特に、症状をとったり、改善したりするカギは、人間の体に流れる「血液」だというのがナポレオン気功の考え方です。そのため、血液に関する命令を多用します。

気功シールやコンデンサー療法で宇宙エネルギーを得て体に巡らせつつ、血液に命令して症状を改善するのが、ナポレオン気功の基本的な流れになります。

唱える言葉は、ほとんどの場合複数あります。症状の程度別などになっている場合は、それに従って選んでください。症状の程度は、ご自分の感覚で選んでかまいません。

特に条件を書かずに、複数の言葉が紹介してある場合は、ご自分でしっくりくる言葉から唱えてください。気功の力が不十分と感じたら、ほかの言葉も試してみましょう。

貼る場所ごとに唱える言葉が決まっているときは①②などの番号を振っているものもありますが、どっちがよいかわからないときは、両方試してください。

人によって、また状況によって、力を発揮する言葉は違ってきますので、いろいろと試して、今のあなたに合う言葉を見つけましょう。

なお、言葉を唱えるときにご自分の名前を名乗ると、一層宇宙エネルギーを引き出すことができます。例えば、「疲れ」の項の「体の疲れを溶かします」なら、「○○○○（自分の名前）の体の疲れを溶かします」と唱えます。ぜひ心掛けてください。

●言葉を唱えてから5つ数える理由

言葉を唱えたあとは、「1・2・3・4・5」と5つ数えます。例えば、疲れに対するナポレオン気功なら、「体の疲れを溶かします。1・2・3・4・5」と言ってください。

このように「5つ数える」ことは大変重要です。理由は、それによって、左脳の働きを抑え、右脳を働かせることができるからです。

脳には感覚や直感などを司る右脳と、言語や論理を司る左脳がありますが、右脳がプラス思考を受け入れるのに対し、左脳はマイナス思考を受け入れやすいという特徴があります。

症状を改善したり、願いを叶えたりするには、プラス思考の右脳を使う必要があります。目的の言葉を唱えたあとで「1・2・3・4・5」と5つ数えると、「数を数える」という行為自体が理屈抜きであるため、右脳が使われます。数を数えている間は、左脳に働くスキを与えなくてすむのです。

症状の改善や願望の成就、自己実現のためには、左脳を働かせずに、右脳を使うことが非常に大切です。左脳は、失敗した体験を理論的に記憶しているので、左脳が働くと願いの実現が難しくなるからです。

そこで、言葉を唱えたあと、無心に数を数えることで、願望が右脳に入って実現しやすくなるようにしましょう。5つ数を数えるのは、動作としては単純ですが、それが右脳を使うトレーニングになっているのです。

右脳	左脳
＋	−

右脳はプラス発想を受け入れます。それに反して、左脳はマイナス発想を受けやすいので、お願いをするときは1、2、3、4、5と数えて、なるべく右脳を使うイメージで自己実現を願ってください!!

左脳は失敗や失敗した体験を理論的に理屈を使って記憶するので、実現が難しくなります。ですので、右脳を使用しようとしてください。

言葉を唱えたあと、もう一度過去形で唱えてから「ありがとうございます。1・2・3・4・5」とつけ加えると、さらに実現性が高まります。

例えば、疲れに対するナポレオン気功であれば、「体の疲れを溶かします。1・2・3・4・5」と唱えたあと、「体の疲れがとれました。ありがとうございます。1・2・3・4・5」とつけ加えます。特に最初のうちは、これらをつけ加えるようにするとよいでしょう。

●気功シールと組み合わせる、もう一つの療法「ゼロ磁場療法」

ここでもう1つ、肩こり・腰痛・ひざ痛などに使える「ゼロ磁場療法」を紹介しておきましょう。やり方は、以下の通りでとても簡単です。

まず、インターネットなどで入手できる1円玉大の磁石を2つ用意します。磁石は、磁力がそれほど強くない普通のものを選びましょう。

磁力の強さとしては、お子さんが小学校などの教材に使う程度が日安になります。または、普段、メモを冷蔵庫に貼り付けたりするのに使っているような磁石程度の強さで十分です。磁力が強いほどよいわけではなく、弱めのもののほうが向いていますので、磁力の強さを強調して売っているような磁石は避けて、ごく一般的なものを入手してください。

磁石が用意できたら、S極とS極、もしくはN極とN極、つまり反発する側を合わせて、強力接着剤で貼り合わせます（しっかりつくまで洗濯ばさみなどではさんでおきましょう）。くっついたら、最後に両面に気功シールを貼ってください。のりで貼ってもテープで貼っても構いません。

それを肩のこった部分、膝や腰の痛む部分などに、大型の救急絆創膏などで貼っておくのがゼロ磁場療法で、筋肉や関節などの頑固なこりや痛みの改善に役立ちます。必要と思う数だけ、磁石のセットを用意してください。

気功シールもコンデンサー療法もいろいろな症状の改善・解消に役立つすぐれた方法ですが、肩こり・腰痛・ひざ痛などには、このゼロ磁場療法を行うと、さらに改善されやすくなります。なぜなら、磁力は気功シールやコンデンサー療法では到達しない骨の中まで貫通するからです。

ゼロ磁場療法を行えば、肩こりや腰痛などで多くの人が使っている消炎鎮痛成分入りの貼り薬や磁気治療器など、使わなくてよくなるでしょう。ゼロ磁場療法は、それら以上に、こりや痛みを取り去ってくれるパワーをもっているからです。

筋骨格系の症状に対して、気功シールやコンデンサー療法だけではもの足りないときなどにぜひ試してみてください。

●スピードを重視することから「ナポレオン気功」と命名

ナポレオン気功という名前を聞いて、なぜ「ナポレオン」なのだろうと不思議に思う人もおられるでしょう。

フランス革命の時代に活躍したかのナポレオン（ナポレオン・ボナパルト）は、戦術に秀でていることで知られました。当時は、戦場でも身分制度にしばられており、身分の高い者を上官に据えるのが普通でした。しかし、ナポレオンはそうした身分制度による縛りを取り払い、足の速い者を重んじて上官にしたそうです。

そして、すばやく動くスピード重視の戦略のもとで、敵の虚を突く作戦を実行しました。その戦略・作戦は、ことごとく成功したといわれています。

もしも今の世にナポレオンが生きていたら、体を回復させるためにもスピードを重視したのではないでしょうか。気功シールを使った気功は、誰にでもできるだけでなく、スピーディな回復が目指せます。

ナポレオンが生きていたら、このような手法を好むのではないかという意味を込めて、私はこの気功法を「ナポレオン気功」と名づけたのです。それだけスピード重視の気功法であると捉えていただけたらと思います。

もちろん、人によって、またそのときどきの状況により、どれだけスムーズに気を取り入れて症状を改善できるかは違ってきます。ナポレオン気功は、誰かにやってもらう方法ではなく、読者の皆さんがご自分で行う方法なので、なおさらやってみないとわからない部分はでてきます。

しかし、全体的に見れば、かなりスピーディに回復を目指せる方法です。個人差はあっても、くり返し行ったり、シールを増やしたりすることで効力を高めることができ、誰でも気軽に健康の回復や増進に役立てられます。

2

症状別・目的別ナポレオン気功39例

日常の不調

疲れ

「寝ても疲れが抜けない」「いつも疲労感があって体がだるい」

現代人の多くが、そんな慢性的な疲れを感じています。対策として、十分な休養や睡眠をとることが有効だとわかってはいても、日々の仕事ややらなければならないことに追われて、疲労状態・過労状態が続いている人が少なくありません。

そんなときのナポレオン気功のやり方を紹介します。疲れの予防にも役立ちます。

気功シールを貼る場所

①湧泉《ゆうせん》（足の裏にあるツボ）＝自分の体

足の裏にあるツボで、疲労に効果的なことが知られています。足の裏のタテの中心線上を三等分したとき、足先から約3分の1のところで、足の指先をギュッと曲げたときにできるくぼみです。湧泉以外でも、足の裏を押して痛がゆい場所があれば、貼るとよいでしょう。

②腎臓＝自分の体、または人体図（124ページ）**・臓器等の図**（134ページ）

腎臓は、尿を作るだけでなく、体のエネルギーを作り、生命力を支える器官でもあります。腎臓の位置は、両手を背中に回して、自然に手の甲を背中につけたときに当たる付近です。ここに左右1枚ずつ気功シールを貼ります。人体図等の腎臓に貼ってもかまいません。

③十二指腸＝臓器等の図（133ページ）

ストレスで十二指腸が弱ることによって起こる疲れもあります。図の十二指腸に貼りましょう。

唱える言葉

「体の疲れを溶かします」

「疲れのもとになっているストレスをなくします」

そのほかの方法

夜間、寝ているとき、靴下（できれば指なしか五本指の靴下）の中に気功シールを貼った1円玉を5～6個を入れておきます。睡眠中に疲れがとれる方法です。

日常の不調

肩こり

肩こりはありふれた症状ですが、多くの人が悩んでいます。そして、実は怖い側面をもっています。肩こりの基本的な原因は血流が滞ることです。全身に酸素と栄養素を送り届け、老廃物を除去している血流が滞ると、さまざまな不調や病気を招きます。「たかが肩こり」とは思わないで、「肩こりは万病のもと」だと知っておいてください。

漢方では、老廃物を含んだ血液の滞りのことを「瘀血《おけつ》」といい、それを肩こりの主要な原因と考えます。

また、あまりにも頑固な肩こりは、「カンジダ菌」が原因のケースもあります。カンジダ菌はカビの一種で、誰の体内にもいる常在菌です。その人が健康なときはおとなしいのですが、免疫力が弱ると活発になり、いろんな症状を起こします。その1つが肩こりです。最近は、通常のカンジダ菌より強い「スーパーカンジダ菌」も現れました。頑固な肩こりの場合は、カンジダ菌やスーパーカンジダ菌に働きかける必要があります。

気功シールを貼る場所

①肩＝自分の体、または人体図（122・124ページ）

肩を押してみて気持ちいいところ、痛がゆいところ、痛いところに貼ります。または人体図の肩に貼ります。

②乳首の3～5㎝上にあるツボ＝自分の体、または人体図（122ページ）

この付近を押してみて、気持ちよく響く痛みがあるところに貼ります。代わりに、人体図のその場所に貼ってもかまいません。

唱える言葉

通常の肩こり：「ここに気が入ります」「ここに気を注入します」「瘀血を分解します」「瘀血をきれいにクリーニングします」「肩こりの瘀血を流します」「こりの原因になっている老廃物を溶かします」

頑固な肩こり：「肩こりの原因になっているカンジダ菌を殺します」

さらに頑固な肩こり：「肩こりの原因になっているスーパーカンジダ菌を殺します」

※ゼロ磁場療法（23ページ）も参考にしてください。

日常の不調

五十肩

50歳代に最も多いことから、その名がついた五十肩。起こった年代によっては四十肩とも呼ばれますが、正式には「肩関節周囲炎」といいます。つまり、その正体は肩関節付近の炎症なのです。多くの場合、左右一方の肩の痛みから始まり、特に、腕を上げたときや背中に回したときに痛みがでたり、夜間に悪化しやすいのが特徴です。

慢性期に入ると、一般に痛みはやわらぎますが、今度は肩の動きが制限され、腕が一定の高さ以上に上げられなくなったり、背中側に回せなくなったりします。

こうした五十肩の痛みや運動制限に対するナポレオン気功には、大きく2つのやり方があります。

1つは、前項で述べた肩こりの方法と同じように、肩に気功シールを貼る方法です。五十肩で、実際に痛みや運動制限が起きるのは肩なので、その意味で肩に貼るわけですが、これだけでは症状が改善しにくい場合もあります。そんなときは、臓器の拡大図を使って、肝臓と胆のうに気功シールを貼ってください。

実は、五十肩の根本原因は、肝臓と胆のうに（症状が重い場合は胆管にも）あることが多いのです。肝臓や胆のうの機能低下から、炎症が起きやすくなったり、肝臓周囲の筋肉が硬くなって肩や腕に影響を与えたりすることから、五十肩を引き起こすと考えられます。
また、直接的な原因は炎症ですが、その根本にはストレスがあります。
そこで、五十肩に対するナポレオン気功は、以下のようなやり方になります。

気功シールを貼る場所

①**肩＝自分の体、または人体図**（122・124ページ）
肩の痛むところに貼ります。または人体図の肩に貼ります。
②**肝臓・胆のう＝臓器等の図**（135ページ）
図の肝臓と胆のうに貼ります（症状が重い場合は「胆管」にも貼る）。

唱える言葉

①「ストレスを全て破壊します」「ストレスを分解します」
②「肝臓に溜まったストレスを分解します」「肝臓にたまったストレスを破壊します」

日常の不調

疲れ目

今の時代、多くの人がパソコンやスマホの画面を長時間見て目を酷使し、慢性的な疲れ目に悩まされています。そんな疲れ目に対するナポレオン気功には、目の拡大図に貼る方法と、肝臓の図に貼る方法があります。

目の拡大図に貼るのは、目そのものに働きかける方法です。この場合、唱えるのは、シンプルに「目の疲労物質や瘀血や老廃物を流す」、あるいは「分解する」という言葉でもよいのですが、さらに工夫を加えた言葉もあります。

目の中でレンズの役目をしている水晶体には、水分が多く含まれています。水晶体が良質な水分で満たされると、疲れ目の改善に役立ちます。そこで、水素や酸素を豊富に含む水が、自然に目に補給されるように唱える方法が役立ちます。

こうした水を「プロトン水」といいますが、それを注入するように唱えると、体内で生成されたプロトン水が、自然に水晶体に補給されるように促すことができます。

さらに、水晶体の透明度を保っている「クリスタリン遺伝子」というものがあります。

これが正常に機能するよう、体に働きかけることも重要です。
中医学などではよく知られていることですが、目は肝臓と胆のうが支配していますので、図の肝臓と胆のうに気功シールを貼ることによっても、疲れ目の回復を促せます。

気功シールを貼る場所

①目＝臓器等の図（128ページ）
眼球の図の水晶体のところに貼ります。
②肝臓・胆のう＝臓器等の図（135ページ）
図の肝臓と胆のうのところに貼ります。

唱える言葉

①「目の疲労物質が完全に溶け去ります」「目の瘀血を分解します」「目の瘀血を流します」「目の老廃物を分解します」「目の老廃物を流します」「水晶体にプロトン水を注入します」「クリスタリン遺伝子の異常をなくします」
②「肝臓にたまったストレスを流し、目の疲れをとります」

日常の不調

鼻づまり

鼻づまりの原因は鼻の穴だけでなく、もっと奥にあります。

鼻の穴のことを鼻腔といいますが、その奥はのどまでつながり、周囲には副鼻腔という空洞が広がっています。副鼻腔は鼻腔の左右に大小4種類ずつあり、全部が鼻腔とつながっています。眉間のところにも副鼻腔があります。

この鼻腔と副鼻腔に細菌がついて炎症が起きると鼻づまりになります。

副鼻腔とともに鼻づまりの原因になりやすいのが、のどの奥にある「咽頭扁桃」と、その手前にある「口蓋扁桃」です。「扁桃」は、細菌やウイルスなどの病原体から体を守る器官で、4種類ありますが、そのうち2種類が、ここにあげた咽頭扁桃と口蓋扁桃です。

咽頭扁桃は、鼻腔からつながるのどの奥に、口蓋扁桃は俗にいうノドチンコ（口蓋垂）の左右にあります。ちなみに、一般に「扁桃腺」といえば口蓋扁桃を指します。

頑固な鼻づまりの場合は、咽頭扁桃、口蓋扁桃に細菌がついていることが多くなります。

そこで、通常の鼻づまりは鼻腔や副鼻腔に、頑固な鼻づまりには咽頭扁桃や口蓋扁桃に、図を使って気功シールを貼りましょう。

鼻づまりの場合、一般的に多い原因菌は黄色ブドウ球菌や緑膿菌なので、これらの菌に対して言葉を唱えます。唱えにくければ、「菌」というだけでもけっこうです。

カゼやインフルエンザのときは、それに応じて唱える言葉を変えましょう（40ページでカゼ、74ページでインフルエンザを取り上げていますが、それらは全般的な症状に対する方法です。特に鼻づまりが気になるときは以下の方法になります）。

気功シールを貼る場所

通常の鼻づまり：鼻腔・副鼻腔＝自分の体、または臓器等の図（129・130ページ）

自分の鼻の両脇や眉間に貼るか、または図の鼻腔や副鼻腔に貼ります。

頑固な鼻づまり：咽頭扁桃・口蓋扁桃＝臓器等の図（129・131ページ）

図の咽頭扁桃（1カ所）と口蓋扁桃（2箇所）に貼りましょう。

唱える言葉

「黄色ブドウ球菌や緑膿菌を殺します」「鼻づまりを起こしている菌を殺します」

日常の不調

花粉症

いまや日本の国民病といわれる花粉症。とめどなく水のような鼻水が出て、くしゃみを連発したり、鼻づまりや目のかゆみ、のどのイガイガ感に悩まされたりと、つらい症状に悩まされている人も多いでしょう。

花粉症は、その名の通り花粉によって起こる症状ですが、花粉自体に病原性があるわけではありません。本来は反応しなくてもよい花粉というものに、体の免疫機能が異常に反応しているのが原因です

ナポレオン気功では、花粉症の段階別に、以下のような現象が起きていると捉えます。

初期には、鼻腔・副鼻腔に花粉がこびりついてくしゃみなどの症状が出ます。中期は、のどの奥にある咽頭扁桃と、その手前にある口蓋扁桃に花粉がついて、これらの部分に炎症が起きるので、かなり鼻の奥がむずがゆくなったり、鼻水が出たりします。

重度になると、咽頭扁桃や口蓋扁桃に、緑膿菌や黄色ブドウ球菌がつくので、鼻水が出っぱなしになり、炎症も悪化して、薬を飲んでも治りにくくなります。

これらを踏まえて、花粉症を改善したいときには、症状の強さに応じて以下のようにしてください。症状の強さは、初期・中期・重度のうち、ご自分で「今はこのあたりかな」と思う段階を選ぶのでかまいません。初期・中期のやり方を選んだとき、もし、改善のされ方が不足と感じるようなら、改めて一段階上のやり方をしてみましょう。

気功シールを貼る場所

初期：鼻腔・副鼻腔＝自分の体、または臓器等の図（129・130ページ）

自分の鼻の両脇や眉間に貼るか、または図の鼻腔や副鼻腔に貼ります。

中期・重度：咽頭扁桃と口蓋扁桃＝臓器等の図（129・131ページ）

図の咽頭扁桃（1ヵ所）と口蓋扁桃（2ヵ所）に貼りましょう。

唱える言葉

初期：「鼻腔・副鼻腔に着いた花粉がとれて排出されます」

中期：「咽頭扁桃と口蓋扁桃についた花粉がとれて食道のほうに流れます」

重度：「咽頭扁桃と口蓋扁桃についた緑膿菌や黄色ブドウ球菌を殺します」

カゼ

カゼは、正式には「カゼ症候群」といい、ウイルスなどの病原体が鼻～のどから侵入して炎症を起こし、くしゃみ、鼻水、鼻づまり、発熱、頭痛、のどの痛み、咳、痰などを起こします。重症化すると気管支炎や肺炎につながることもあり、油断できません。

カゼの原因は大部分がウイルスで、200種類以上もあるといわれています。ウイルスの種類が多いうえ、それらが変異するため、カゼそのものを治療できる抗ウイルス薬などはありません。体の抵抗力・自然治癒力を高めることが、回復促進のカギになります。

そのためのナポレオン気功は、臓器等の図を使って、肺と肺胞に気功シールを貼ります。肺胞とは、肺の中にあって酸素と二酸化炭素の交換を行っている小さな袋状の組織で、肺の中にたくさん含まれています。呼吸器を支配しているのは肺であるため、ナポレオン気功では、肺とその中で働いている肺胞に働きかけるのです。

カゼが長引いて治りにくい場合は、体のカンジダ菌が悪さをしていると考えられます。頑固なカゼ症状には、それに対して念じることが必要になります。

また、普段からカゼをひきやすい人は、カゼをひきやすい体質そのものに働きかけなければなりません。その場合、臓器等の図の「副腎」に気功シールを貼りましょう。副腎は、腎臓の上にある小さな臓器で、その皮質部分から、体の抵抗力を支えるホルモンが分泌されています。

気功シールを貼る場所

①カゼをひいたとき：肺と肺胞＝臓器等の図（132ページ）
図の左右の肺に貼りましょう。肺胞の図にも貼ってください。

②カゼをひきやすい場合：副腎＝臓器等の図（134ページ）
図の副腎に貼ります。左右の副腎に貼ってください。

唱える言葉

①通常のカゼ：「カゼの原因ウイルスを殺します」
頑固な場合：「肺の中のカンジダ菌を殺します」

②カゼをひきやすい場合：「副腎皮質ホルモンがたくさん出るようになります」

咳・痰

咳は、ホコリや煙、病原体などが気管に入ろうとしたときに、吹き飛ばして取り除くという重要な役目をしています。咳には、気道にたまった痰を出すという役目もあります。気道の粘膜表面には細かい毛があり、それが粘液で覆われています。この粘液で細菌などの異物を、からめるようにして取り去り、気管に入らないようにしているのです。粘液で病原体やほこりなどをからめ取ったものが痰です。痰は、粘膜表面の細かい毛の動きで気管の出口まで運ばれ、咳によって吹き飛ばされて外に出るしくみです。

このように、咳も痰も体を守る大切な役目を担っていますが、一方で、くり返す咳や長引く咳は、つらくて体力も消耗してしまいます。

特に、実際に異物が気管に入ろうとしているわけではないのに、体が過敏になって起こっている咳や、のどの炎症が刺激になって起こっている咳などは、早めに鎮めることが大切です。気道に炎症があると痰が増えるとともに、その粘り気が強くなるので、吹き飛ばすためにも強い咳が必要になってしまいます。カゼのあとにしつこく残る咳や痰、アレルギーによる咳や痰などがこれに含まれます。
咳や痰を鎮めるナポレオン気功は以下の通りです。

気功シールを貼る場所

①咳と痰の出始め：咽頭扁桃と口蓋扁桃＝臓器等の図（129・131ページ）
図の咽頭扁桃（1ヵ所）と口蓋扁桃（2ヵ所）に貼りましょう。

②通常の場合：肺（気管支）＝臓器等の図（132ページ）
左右の肺（気管支）に1枚ずつ貼ります。

③痰がひどい場合：気管＝臓器等の図（132ページ）
痰がひどい場合は、②とともに気管（のどから下に伸びる空気の通り道）にも貼ります。

唱える言葉

①咳と痰の出始め：「咽頭扁桃と口蓋扁桃に、宇宙エネルギーを最大限注入します」
②通常の場合：「右肺、左肺とその気管支に宇宙エネルギーを最大限注入します」
③痰がひどい場合：「右肺、左肺に加えて、気管にもエネルギーを最大限注入します」

腰痛

腰痛は、文字通り腰の痛みをさす言葉で、さまざまな原因から起こります。

坐骨神経痛、椎間板ヘルニア、腰椎すべり症、脊柱管狭窄症などは、腰痛を起こす代表的な病気です。こうした整形外科的な病気からだけでなく、精神的な要因や姿勢の問題、運動不足といった生活習慣からも起こりますし、複数の要因が絡んでいることもあります。腰痛の大部分は、原因が特定できないという調査結果もあり、腰痛の明確な原因を突きとめるのは簡単なことではありません。それだけに、長引く腰痛に悩まされている人も多いのが現状です。

しかし、実は、どんな原因から起きている腰痛であっても、共通している点があります。それは、腰椎の「ズレ」が影響して痛みが生じているということです（背骨は「椎骨」という短い骨が連なってできています。その腰の部分が腰椎で、5つの椎骨から成っています）。

目で確認できるようなはっきりしたズレもあれば、微妙なズレで自覚的にも他覚的にも確認しにくいものもあります。いずれにしても体に命じて腰椎のズレをなくすことが、腰痛改善のカギになるのです。

そこで、腰痛があるときのナポレオン気功は以下のようになります。

気功シールを貼る場所

腰＝自分の体、または臓器等の図（140ページ）

自分の体の腰やその周辺を押してみて、痛いところや痛がゆいところに貼ります。または、腰椎の図に貼ります。

腰椎は、5つの椎骨（連なって背骨を形作っている短い骨）でできています。図の5つの椎骨それぞれに気功シールを貼りましょう。

唱える言葉

「腰椎のゆがんだ骨をもとの位置に戻します」「腰の骨をもとの位置に戻します」「腰の骨の曲がりをなくします」「腰椎の1番2番3番4番5番を正常な位置に戻します」

※ゼロ磁場療法（23ページ）も参考にしてください。

日常の不調

ひざ痛

年とともに増えるひざ痛の多くは、「変形性膝関節症」が原因です。加齢とともに、ひざ関節の軟骨がすり減ったり、関節の骨が変形したりして痛みや炎症を起こす病気です。

ひざ痛に対するナポレオン気功には、3つのパターンがあります。1つは、太ももの骨（大腿骨）と、すねの骨（腓骨・脛骨）に気功シールを貼る方法です。ひざは、太ももの骨とすねの骨とのジョイント部分ですが、これらの骨の位置がずれているときの方法です。

2つ目はひざの痛む部分に貼る方法、3つ目は、「半月板」に貼る方法です。半月板は膝関節の大腿骨と脛骨の間にある線維軟骨で、ひざにかかる力を分散したり、衝撃を吸収したりしています。内側と外側にあり、それぞれ「内側半月」「外側半月」と呼ばれます。

半月板の位置がずれていることによっても、ひざ痛が起こります。ひざの軟骨には血管がなく、骨や筋肉から染み出たコンドロイチンなどの成分が栄養を補給し、潤滑油役もしています。半月板がねじれていると、コンドロイチンの分泌が悪くなり、摩擦でひざ痛が起こります。そこで、半月板の位置を正すことが大事なのです。なお、ひざに水がたまる場合は、腰痛が深く関係しています。この場合は、腰痛への方法を併用してください。

気功シールを貼る場所

①**大腿骨と腓骨・脛骨＝自分の体、または人体図**（123ページ）**・臓器等の図**（141ページ）
自分の体か人体図の太ももとすね、または臓器等の図の大腿骨と腓骨・脛骨に貼ります。

②**ひざ＝自分の体、または人体図**（123ページ）
自分の体のひざの痛む部分、または人体図のひざに貼ります。

③**半月板＝臓器等の図**（142ページ）
ひざの内部を示した図の半月板の部分に貼ります。

唱える言葉

①「大腿骨や腓骨・脛骨を正常な位置に戻します」「正しい位置に戻りなさい」

②「ひざを正しい位置に戻します」「ひざを元通りにします」

③「内側半月と外側半月をもとの位置に戻します」「半月板をもと通りにします」

※ゼロ磁場療法（23ページ）も参考にしてください。

日常の不調

頭痛・片頭痛

頭痛のうち、病気から起こっているものは、原因となっている病気を治療しなければなりません。それ以外の頭痛は、いわゆる「頭痛持ち」の頭痛（慢性頭痛）で、片頭痛、緊張性頭痛などがあります。

一般的にいわれている慢性頭痛の原因は、片頭痛なら頭部の血管の拡張、緊張性頭痛なら精神的ストレスによる筋肉の緊張などです。しかし、ナポレオン気功でみる頭痛の原因は、まったく違うところにあります。

慢性頭痛を起こす人のうち、比較的軽い人は、お腹に原因があります。症状が中程度の人は胸です。これらの場所にたまっている瘀血を流すことが、慢性頭痛を改善するポイントになります。そして、ひどい慢性頭痛の人は、脳みそがゆがんでいることが多いです。

首のゆがみや腰のゆがみ、顔のゆがみなら聞いたことがある人が多いと思いますが、「脳のゆがみ」は聞いたことがないという人がほとんどでしょう。しかし、脳も、それらと同じようにゆがむのです。ゆがみによって脳の血流が悪くなるので、ゆがんでいる部分に応じて痛みが起こります。そのゆがみを正して血流をよくすることが人事です。
そこで、頭痛に対するナポレオン気功は以下のように行います。

気功シールを貼る場所

軽症：お腹＝自分の体、または人体図（123ページ）

どちらもおへその下あたりの下腹部に貼ります。

中程度：胸＝自分の体、または人体図（122ページ）

どちらも胸の中央付近に貼ります。

頑固なとき：大脳の前頭葉、側頭葉、後頭葉＝臓器等の図（126ページ）

脳の図を使って、頭の前部が痛いときは前頭葉、左側部が痛いときは左側頭葉、右側部が痛いときは右側頭葉、後部が痛い時は後頭葉に貼ります。

唱える言葉

軽症・中程度：「頭痛の原因となる瘀血を溶かします」

頑固なとき：「脳みそのゆがみを治します」「脳みそのゆがみをとって血流をよくします」

日常の不調

便秘

便秘に決まった定義はありませんが、一般には排便の間隔が長くなったり、不規則になったりして、本人にとって苦痛な場合を便秘と呼んでいます。多くは、腹部膨満感（お腹の張る感じ）、腹部不快感、食欲不振などを伴います。

何らかの病気に伴って起こる便秘は、もとになっている病気の治療が必要です。それ以外の慢性便秘には、腸の運動が鈍くなって起こるケースと、腸の緊張が強くなって起こるケースがあります。

どちらの場合も、慢性便秘を改善するために、規則正しい食事・生活、決まった時間に排便習慣をつけること、適度な食物繊維や水分の摂取、ストレスの軽減・解消などを日頃から意識することが大切です。

便秘に対して、市販の便秘薬（下剤）を、むやみに長く使い続けると、かえって便秘の長期化や悪化につながる場合もあることが知られていますので注意しましょう。

ナポレオン気功でみる便秘の原因は、ちょっと意外なところにあります。実は、便秘の根本的な原因は胃下垂にあるのです。
便秘といえば大腸の不調が基盤になるので、胃下垂が原因というと驚かれるかもしれませんが、実は、胃下垂によって胃液や十二指腸液の分泌が不十分になり、結果的に大腸の便の進み方が悪くなるのが、便秘の根本的な原因になっています。
特に、大きなストレスを感じている人は、胃液や十二指腸液の出が悪くなるので、便秘を起こしやすくなります。そこで、便秘に対するナポレオン気功では、胃や十二指腸に働きかけます。それとともに、朝晩の食事の30分ほど前にバナナを1本ずつ食べるようにするとよいでしょう。

気功シールを貼る場所

胃と十二指腸＝臓器等の図（133ページ）

図を使って、胃と十二指腸に気功シールを貼りましょう。

唱える言葉

「胃と十二指腸のストレスを流します」「胃と十二指腸のストレスを取り去ります」

日常の不調

痔

痔には、おもに痔核《じかく》（イボ痔）、裂肛《れっこう》（切れ痔）、痔瘻《じろう》の3種類がありますが、大部分を占めるのが痔核です。痔核は、肛門付近の血行が悪くなってうっ血を起こし、静脈がコブ状に腫れるものです。

裂肛は、肛門が切れて傷つくもので、おもな原因は便秘や排便時に必要以上にいきむことです。痔瘻は、肛門の周囲に軽い痛みや腫れがあり、膿がじくじくと出続けるものです。

痔の多くを占める痔核の場合、血行が悪いことが大きな原因になります。出産後の女性に痔ができやすいのも、妊娠・出産で肛門にうっ血が生じやすいためです。

生活習慣としては、「便秘を避ける」「排便時にいきまない」「座った姿勢を長く続けない（一定時間おきに軽く運動する）」「お尻を冷やさない」「アルコールの飲み過ぎを避ける」などが、痔を改善するために大切です。

さらに重要なのが、痔核の根本的な要因になっている「瘀血とコレステロール」を取り除くことです。実は、痔核のもとになっている静脈のうっ血は、瘀血とコレステロールがたまってできています。

この瘀血とコレステロールは、直腸（肛門につながる腸の部分）の壁にたまりやすくなっています。これらがたまると、直腸が硬くなって伸び縮みしにくくなり、血流が悪くなります。

瘀血とコレステロールが除かれると、直腸が十分に伸び縮みして血行がよくなり、痔核の改善が促されます。そこで、痔に対して行うとよいのが以下のナポレオン気功です。

気功シールを貼る場所

肛門＝臓器等の図（139ページ）

図を使って、直腸の壁に貼ります。

唱える言葉

「直腸の壁の血管の中にある瘀血とコレステロールを分解して消し去ります」

「直腸の壁の血管の中にある瘀血とコレステロールが流されます」

日常の不調

生理痛

高校生、大学生、社会人など、月経がある年代の女性であれば、生理痛に悩まされることは多いでしょう。生理痛の正体は、月経血を押し出そうとして、子宮内膜が収縮するときの痛みです。

月経血が排出されるには、子宮内膜が収縮する必要があるため、ホルモンが分泌され、その作用で子宮の収縮が起こります。そのしくみ自体は必要なものですが、痛みがひどいと、とてもつらい思いをすることになり、日常生活にも支障をきたします。

そんなときに役立つナポレオン気功は、大きく3つのパターンがあります。

軽症なら、下腹部に貼ります。中程度の場合は、胸に貼ります。胸の中央に貼ってください。そして、頑固な生理痛の場合は、人体図を使って頭に貼りましょう。意外に思われるかもしれませんが、頑固な生理痛の場合、その原因は頭、特に後頭部にあるのです。

また、頑固な生理痛は、「子宮内膜症」から起きていることも少なくありません。子宮内膜やそれに似た組織が、本来あるべき子宮の内側以外の場所（腹膜、卵巣、卵管、子宮の壁の中など）に沈着し、増殖するのが子宮内膜症で、ひどい生理痛を起こします。
そこで、生理痛に対するナポレオン気功は以下のように行います。

気功シールを貼る場所

軽症：下腹部＝自分の体、または人体図（123ページ）
自分の体の場合は、おへその周辺を指で押してみて、痛いところに貼ります。または人体図の下腹部に貼りましょう。

中程度：胸＝自分の体、または人体図（122ページ）
自分の胸の場合は、胸の中央に貼ります。または、人体図の胸に貼りましょう。

重症：頭＝人体図（124ページ）
人体図の後頭部に貼ります。

唱える言葉

「生理痛をなくします」「生理痛のもとになっている瘀血を溶かします」
「子宮内膜症をなくします」「生理痛のもとになっている子宮内膜症を治します」

日常の不調

もの忘れ

もの忘れには、単に加齢によるものと、認知症の症状として起こるものがあります。単なるもの忘れは、心配ないとはいえ、たび重なると日常生活に不便を感じるようになるので、誰しもできれば改善したいでしょう。

一方、認知症の場合、一部には治療が可能なものがあります。可能なものは治療を受けながら、できるだけ進行を抑える対策を講じたいものです。

そのために役立つナポレオン気功のやり方は、大きく2つのパターンがあります。

1つは、小腸と大腸に働きかける方法です。実は、腸が元気でなくなると、脳の働きも低下します。これは「脳腸相関」と呼ばれる関係で、最近、注目されています。

もう1つは脳に働きかける方法です。この場合、脳で記憶に関する重要な働きをしている「海馬」、脳の前のほうにあって運動、言語、感情などを司る「前頭葉」、言語、記憶、聴覚などを司る「側頭葉」に、脳の拡大図を使って気功シールを貼ります。

これらの瘀血やコレステロール、ストレスを除くように唱えることがポイントです。

なお、認知症になる人は、「被害者意識」が強い傾向があります。被害者意識が強いと、アルミニウムなどが脳細胞に入りやすくなり、認知症が進みやすいのです。また、アミロイドβなどと並ぶ認知症の原因物質とされている「ピック球」という物質も増えやすくなります。認知症の発症や進行を抑えるには、被害者意識をもたないように努めることも大切です。

気功シールを貼る場所

①小腸と大腸＝臓器等の図（136ページ）

図の小腸と大腸に貼りましょう。

②脳の海馬、前頭葉、側頭葉＝臓器等の図（126・127ページ）

脳の図を使って、海馬、前頭葉、側頭葉に貼ります。

唱える言葉

①「小腸と大腸の瘀血とコレステロールを分解して溶かします」

②「海馬と前頭葉と側頭葉のストレスを分解します」

日常の不調

むち打ち

むち打ち症は、交通事故などで不意に首に強い衝撃を受け、頸椎（背骨の首部分）周囲の筋肉、靭帯、神経、血管などに損傷を受けた状態で、正式には「頸椎捻挫」といいます。首の痛みをはじめ、頭痛、肩こり、吐き気、めまい、胸や背中の痛みなどが起こります。治療は、必要に応じて首をコルセットで固定したり、痛みや炎症をとる内服薬を使ったり、ブロック注射（神経に麻酔薬を注入する治療法）やリハビリなどを行います。

しかし、これらの治療では、なかなか完全には回復しない例も少なくありません。筋肉などの組織は回復しても、症状が慢性化し、首の痛みなどが続く例が多いのです。

私のところにも、慢性化したむち打ちの症状に悩む方がよくみえます。そういう場合、実は事故に遭ったときの「恐怖」が、その方の体に残っています。

その恐怖を覚えているのは「神経」です。事故のときの恐怖は、いろいろな治療でいったんほぐされても、形状記憶合金のように神経に甦ります。その恐怖がとれない限り、どんな治療をしても完治は望めません。恐怖がとれた段階で、完治に向かい始めるのです。

そのために役立つのがナポレオン気功です。ナポレオン気功で神経の恐怖がとれれば、むち打ちでズレた頸椎が正しい位置に戻り始めます。やり方としては、頸椎の拡大図に気功シールを貼ります。背中や胸などの痛みがあれば、そこに貼る方法もあります。

気功シールを貼る場所

基本のやり方：頸椎＝臓器等の図（140ページ）

頸椎は、7つの椎骨（連なって背骨を作っている短い骨）からできています。図にあるその1つ1つの頸椎に、それぞれ気功シールを貼ります。

胸や背中が痛むとき：痛む部分＝自分の体、または人体図（122・124ページ）

胸や背中の痛む場所に貼ります。自分の体に貼っても、人体図に貼ってもかまいません。

唱える言葉

基本のやり方：「交通事故のむち打ち症によってゆがんだ頸椎をもとの位置に戻します」

「むち打ち症の恐怖を完全に溶かします」

胸や背中が痛むとき：「背中や胸のゆがんだ骨をもとに戻します」

日常の不調

肌荒れ

女性にとって、肌荒れは悩みの種になりやすいもの。肌が荒れていると、人と会うのが嫌になったり、気持ちが沈んだりしがちです。もちろん男性にとっても、肌荒れは気になります。肌荒れは、ホルモンバランスの変化やストレス、不規則な生活、食生活の乱れや偏り、便秘、睡眠不足など、さまざまな原因から起こります。

栄養面では、肌の材料になるタンパク質、肌の代謝に必要なビタミンB群やA、肌の血行を促すビタミンE、肌のハリを保つビタミンCなどをしっかりとることが大切です。タンパク質は魚・肉・卵・大豆製品など、ビタミンB群は納豆、卵、魚介類など、ビタミンA・Eは魚や緑黄色野菜など、ビタミンCは新鮮な野菜や果物に豊富です。

食物繊維を十分にとって便秘を避けること、睡眠を十分とることも大切です。

一方、ナポレオン気功からみた肌荒れは、ちょっと意外かもしれませんが、「腎臓」と深く関係しています。腎臓は、体に要らなくなった老廃物や害になる毒素などの排泄を受けもっている臓器です。腎臓の機能が低下すると、それらの排泄が十分にできなくなることから、肌荒れが引き起こされるのです。
美肌を保つには、ここに述べたような食事や生活上の注意を心がけるとともに、腎臓を大切にしなければなりません。腎臓に負担をかける過剰な塩分や食品添加物、必要性の低い薬剤などをとらないようにしましょう。腎臓の細い血管にコレステロールがたまることも腎機能低下の原因になるので、高脂肪の食事をとり過ぎないことも重要です。
同時に、以下のナポレオン気功を行うと、腎臓の健康を守るとともに、肌荒れを予防・改善するのに役立ちます。

気功シールを貼る場所

腎臓＝自分の体、または人体図（124ページ）・臓器等の図（134ページ）

腎臓の位置は、両手を背中に回して、自然に手の甲を背中につけたときに当たる付近なので、ここに左右1枚ずつ貼ります。または臓器の図の腎臓に貼ってもけっこうです。

唱える言葉

「腎臓の動脈、静脈、毛細血管のストレスをなくして、血管に付着しているコレステロールを分解し、おしっことして流れやすくします」

日常の不調

尿もれ

尿もれにはさまざまなタイプがあり、多くの原因から起こります。

加齢とともに、特に女性に増える尿もれは、咳やくしゃみをしたときや重い荷物を持ち上げたときなど、腹部に力が入った瞬間に少量の尿がもれる「腹圧性尿失禁」です。

一方、急激な尿意に襲われ、急いでトイレに行っても間に合わずにもれてしまう「切迫性尿失禁」は、加齢とともに男女を問わずみられる尿もれです。

切迫性尿失禁は、膀胱が過敏になって、頻尿や尿意切迫感(急に起こる抑えがたい尿意)などを招く「過活動膀胱」の一症状として起こるケースも多いことがわかってきています。

このほか、男性には前立腺肥大が原因の尿もれも見られます。

腹圧性尿失禁の一般的な対策としては、骨盤内で臓器を下から支えている骨盤底筋という筋肉を強化することが重要とされます。それには、肛門や膣を締める運動が役立ちます。

切迫性尿失禁では、必要に応じて薬を使いながら、頻繁にトイレに行き過ぎないようにする訓練などを行います。前立腺肥大が原因の場合は、その治療が行われます。

ナポレオン気功では、膀胱周辺の動脈や静脈に、瘀血やコレステロールがたまっていることが尿もれの原因とみます。それらを溶かして流すために役立つのが、以下のナポレオン気功です。

なお、黒豆茶やそば茶、麦茶、ルイボスティーなどは、血の汚れを溶かす作用があります。これらを習慣的に飲みながら以下のナポレオン気功を行うと、よりいっそう改善が促されるでしょう（前立腺肥大が原因と思われる尿もれは88ページも参照）。

気功シールを貼る場所

男性：膀胱～前立腺＝臓器等の図（137ページ）
女性：膀胱～尿道口（尿の出口である外尿道口）＝臓器等の図（138ページ）

唱える言葉

男性：「膀胱から前立腺の動脈や静脈にたまった瘀血やコレステロールを溶かして流します」
女性：「膀胱から尿道口の動脈や静脈にたまった瘀血やコレステロールを溶かして流します」

下痢

下痢は、食中毒やストレス、暴飲暴食、冷えなど、さまざまな原因から起こります。食中毒などのはっきりした原因があるときは、治療をしながら安静に過ごすことが大切です。ストレスなど、日常的な原因から起こる下痢は、体質的に起こしやすい人がいて、悩ましい問題になりがちです。

下痢の原因として、近年、増えているのが、検査では炎症その他のはっきりした原因が見つからないにもかかわらず、下痢、便秘、もしくはその両方を交互にくり返す「過敏性腸症候群」です。

この病気自体は、やや女性に多いとされていますが、女性に多いのは便秘型で、下痢型は男性に多く見られます。原因ははっきり解明されていませんが、体質にストレスや不規則な生活などが重なることで発症しやすくなると考えられています。

一方、ナポレオン気功では、腸にコレステロールがたまることが下痢の原因とみます。この場合、腸全体ではなく、小腸と大腸のつなぎ目付近にある「盲腸」の部分がポイントになります。

この部分の血管にコレステロールがたまると、エネルギー不足で体が冷えやすくなり、下痢が起こりやすくなるのです。

そこで、臓器の図を使って盲腸の部分に気功をシールを貼り、ナポレオン気功を行うことが、下痢の改善に役立ちます。普段から行っておけば、下痢の予防にも役立つので便利です。

気功シールを貼る場所

盲腸＝臓器等の図（136ページ）

盲腸は、小腸と大腸のつなぎ目付近にあります。盲腸からは「虫垂」という小さな部分が出ています。これらに気功シールを貼ります。

唱える言葉

「盲腸にたまったコレステロールを溶かして流します」

「盲腸に宇宙エネルギーを最大限注入します」

日常の不調

不眠症

不眠には、寝つきが悪くなるタイプや一度寝入ったあとに、眠りが浅くてすぐに目覚めて眠れなくなるタイプ、早朝に目覚めるタイプなどがあります。

原因としては、ストレスや体の病気、うつ、不安障害といった心の病気など、さまざまなものがあります。病気が原因の場合は、その治療が必要です。

不規則な生活や過度の飲酒、カフェインのとり過ぎなどから起こる不眠もあります。「寝酒」という言葉もあるように、お酒は一見、寝つきをよくするように思えますが、実は睡眠の質を悪くして中途覚醒を招きます。お酒に頼って眠ると、逆効果になりかねないので要注意です。

特に現代人には、ストレスから来る不眠に悩む人が多く見られます。人間関係のストレスや仕事上のストレスなどでよく眠れないという人が非常に多いのです。

私のところには、不眠で悩むクライアントさんもよくみえます。その場合はよく眠れるように施術をして差し上げますが、ナポレオン気功を使えば、ご自分でも簡単に不眠の悩みを解決できます。

ナポレオン気功でみる不眠の原因は、「胃や小腸、大腸が冷える」ことです。胃腸が冷えて、血行が悪くなると不眠が引き起こされるのです。

そこで、不眠に悩んでいるときは、胃と腸の図に気功シールを貼りましょう。自分のお腹や足もできるだけ温めておくと、不眠を解消しやすくなります。

寝る前に温かいお茶やお湯などを飲んでお腹を内側から温めることも、不眠の改善に役立ちます。不眠に対するナポレオン気功のやり方は、以下の通りです。

気功シールを貼る場所

胃・小腸・大腸＝臓器等の図（136ページ）
図の胃と小腸・大腸の部分に貼ります

唱える言葉

「胃・小腸・大腸の動脈・静脈の血行がよくなり、よく眠れますように」

「胃腸の血行がよくなってぐっすり眠れます」

ストレス

ここまでにも、ストレスが原因となるいろいろな症状を取り上げてきましたが、それらの症状以外で、ストレスによる不調が疑われる場合について、ここで述べておきましょう。

現代社会で、ストレスとまったく無縁という人はいないでしょう。種類や程度は違っても、誰もが何らかのストレスを抱えながら生きています。現代社会に生きている以上、多少のストレスは仕方ないと割り切り、趣味や運動などで上手に発散することも大切です。

しかし、強いストレスが長期間続いたり、心身に余裕のない状態だったりすると、ストレスから深刻な病気を引き起こす場合があります。

ストレスから起こる病気や症状としては、自律神経失調症、うつ病、不安障害、パニック障害といった心の病気が知られていますが、過敏性腸症候群、胃腸炎、頭痛、めまい、吐き気、動悸・息切れ、腹痛、下痢、腰痛、肩こりなど、多くの身体的症状も含まれます。

また、糖尿病や高血圧などの生活習慣病、心臓病、腎臓病、肝臓病など、ほとんどの病気は、ストレスが加わることで悪化します。ストレスは血管を収縮させて血液循環を悪くさせるので、多くの病気を招いてしまうのです。

早めにストレス対策をして体を守りたいものです。ナポレオン気功は、ストレス対策にも活用できます。ストレスに対するナポレオン気功は、左脳に気功シールを貼ります。左脳に瘀血がたまると脳が嫌がるのでさまざまな症状が出てくるのです。それを改善してストレスを取り除くには、以下のように行ってください。

なお、このナポレオン気功を行うとともに、体の余分な熱を冷ますとされるレンコンを食べたり、体の循環をよくする麦茶、蕎麦茶、黒豆茶、ルイボスティーを飲んだりすると、ストレスの発散を促すのに役立ちます。

気功シールを貼る場所

左脳＝臓器等の図（126ページ）

脳の図を用いて、左脳に気功シールを貼ってください。

唱える言葉

「左脳のストレスを破壊します」「左脳にたまった瘀血を分解します」

「左脳にたまったストレスをスッキリ溶かします」

治療の補助として

胃痛・胃潰瘍

ここからは、医学的治療を受けながら、補助として行うとよいナポレオン気功をご紹介します。最初は胃痛・胃潰瘍です。

一般的に胃痛の要因として多いのは、暴飲暴食、油脂の過剰摂取、ストレス、体質、加齢による胃の働きの低下、あるいは胃酸の出過ぎ、ピロリ菌などです。

検査をすると、胃炎や胃潰瘍といった病気が見つかるケースが多いのですが、特に明確な病気が見つからないのに、胃痛に悩まされるケースもあります。

胃炎は、胃の粘膜が炎症を起こしてただれた状態です。さらに悪化して、胃の粘膜の下にある筋層までえぐれた状態になるのが胃潰瘍です

胃潰瘍の原因は、胃で分泌される胃酸の作用によって、自分の粘膜が攻撃されることです。胃粘膜を守る粘液の働きが低下したり、胃粘膜を攻撃する胃酸などの働きが強まったりすることで起こります。その根本原因の多くを占めるのはストレスです。

胃炎も胃潰瘍も、日常生活では、「ストレスをためない」「暴飲暴食を避けて食事時間を

規則正しくする」「適度な運動をする」「十分な睡眠をとる」ことなどが大切です。

タバコは胃の血行を悪くするので、タバコを吸っている人は禁煙することも重要です。過度の飲酒も悪化要因になるので避ける必要があります。

ごく軽いものならセルフケアで改善できる場合もありますが、そうでなければ医療機関で治療を受けましょう。同時に行うとよいのが、以下のナポレオン気功です。特別な胃の病気が見つからないのに胃痛などがある場合も、ナポレオン気功のやり方は同じです。

気功シールを貼る場所

胃＝自分の体、または人体図（122ページ）**・臓器等の図**（133ページ）

胃は上腹部のみぞおちのところにあります。ここに気功シールを貼るか、または人体図等の胃のところに貼りましょう。

唱える言葉

「ストレスを分解します」「ストレスをなくします」「ストレスを溶かします」
「胃の中にあるストレスを分解します」

治療の補助として

蓄膿症（慢性副鼻腔炎）

蓄膿症は、正式には「慢性副鼻腔炎」といいます。副鼻腔は、鼻腔（鼻の穴）の周囲にある空洞で、頬や眉間などに拡がっており、前頭洞、篩骨洞、蝶形骨洞、上顎洞という4種類があります。

本来は文字通りの空洞ですが、副鼻腔に炎症が起きて長引くと、膿がたまってきます。それが慢性的になったのが蓄膿症です。

副鼻腔は複雑な形をしていて、鼻腔につながる出口は狭いので、多量の膿ができると排出できなくなってたまっていきます。それによって炎症が悪化し、さらに膿がたまるという悪循環に陥ります。

蓄膿症の直接的な原因は、細菌やウイルス感染が起きることです。細菌の例としては、緑膿菌や黄色ブドウ球菌があります。それらの病原体が侵入しても、本来、体の免疫力が強ければ撃退することができ、炎症が長引いて蓄膿症になることもないのですが、基盤に免疫力の低下があると蓄膿症を起こしやすくなります。

私自身も、子供時代から蓄膿症に悩まされてきました。成人後に、ますますひどくなった蓄膿症の治療法を探るうちに、気功にたどり着いたのです。

蓄膿症は、常に鼻がつまって苦しいだけでなく、頭痛や頭重、顔面の痛み、膿の嫌なにおい、鼻水がのどに流れる後鼻漏などの症状に襲われます。

そんな場合に、行うとよいのが以下のナポレオン気功です。

気功シールを貼る場所

副鼻腔のうち、炎症が起きたり、膿が詰まったりしている部分=臓器等の図（129・130ページ）

耳鼻科の受診時に、前頭洞、篩骨洞、蝶形骨洞、上顎洞という4種類の副鼻腔のうち、どの場所に炎症が起きたり、膿が詰まったりしているのかを医師に聞いてください。その部分に貼ります。

唱える言葉

「蓄膿症の原因になっている細菌やウイルスを殺します」

「蓄膿症の原因になっている緑膿菌や黄色ブドウ球菌を殺します」

治療の補助として

感染症（インフルエンザや新型コロナなど）

毎年、12月〜翌年3月ごろはインフルエンザの流行期です。インフルエンザにかかると、くしゃみ、鼻水、のどの痛み、咳といったいわゆるカゼ症状に加え、38度以上の高熱、頭痛、関節痛、筋肉痛といった全身症状が出ます。

新型コロナウイルス感染症が世界中に拡がってからは、インフルエンザと新型コロナウイルス双方の感染予防に努めることが重要になってきました。

これらの感染症を予防するため、日頃の生活でできるのは、規則正しい生活や栄養バランスのとれた食事、十分な睡眠などで免疫力を保つことです。しかし、これらを心がけていても、感染する場合はあります。多忙や過労などから免疫力が落ちていると、さらに感染のリスクは高まります。

インフルエンザや新型コロナウイルス感染症にかかったときには、早めに医療機関を受診し、抗ウイルス薬などによる治療を受けましょう。家庭では安静を保ちつつ、十分な栄養と水分、休養、睡眠をとることが大切です。

同時に行うとよいのがナポレオン気功です。インフルエンザウイルスも新型コロナウイルスも、肺や気管支を主なターゲットとして侵入してきますので、肺に気功シールを貼り、そのうえでウイルスを殺すように念じます。このとき、ご自分の名前を加えて念じると、さらに気功の力を得やすくなります。
なお、これらの感染症に対するナポレオン気功は、あくまでも治療の補助ですから、医療機関での治療を受けながら行うようにしてください。

気功シールを貼る場所

肺・気管支＝自分の体、または臓器等の図（132ページ）

自分の胸に貼ります。左右に貼るとなおよいでしょう。または、肺の図に貼ります。

唱える言葉

「気管支にいる（ウイルスの名前）を殺します」
「肺の中にいる（ウイルスの名前）を殺します」

治療の補助として

白内障

加齢に伴って、目のレンズである水晶体が白く濁り、ものが見えにくくなるのが白内障です。老化現象の一種として、水晶体のタンパク質が変性し、白く濁ってくるのが原因です。高齢者の病気と思われがちですが、早い人では40代から始まり、年齢とともに増えて、80代ではほとんどの人に起こります。

紫外線を多く浴びる、糖尿病を患っている、アトピー性皮膚炎や花粉症で目をよくこする、野菜嫌いなどの偏食、喫煙などによって進行しやすくなります。代表的な症状は、「視界が白くかすむ」「ものが二重、三重に見える」「まぶしくてものが見づらい」などです。

医療機関での治療は、初期には点眼薬や内服薬で進行を遅らせることが中心になります。偏食や喫煙などの要因をなくすとともに、できるだけ紫外線を浴びないようにすることも大切です。紫外線カット効果のあるサングラスやメガネ、帽子などで目を守りましょう。

白濁した水晶体はもとに戻せませんが、最近ではすぐれた人工の眼内レンズが開発されており、それに交換する手術が日帰りで受けられます。とはいえ、できれば手術をしないで白内障の発症や進行を防ぎ、自分自身の水晶体を使い続けたいものです。

そのカギを握るのが、「クリスタリン遺伝子」というものです。水晶体の透明度を増す働きをする遺伝子で、これが異常を起こすと白内障になりやすいことがわかっています。

また、目については、疲れ目の項でも述べた通り、肝臓と胆のうが支配しているということも重要です。そこで、白内障に対するナポレオン気功は以下のように行ってください。

気功シールを貼る場所

①水晶体＝臓器等の図（128ページ）

眼球の図の水晶体のところに貼ります。

②肝臓・胆のう＝臓器の拡大図（135ページ）

図の肝臓と胆のうに貼ります。

唱える言葉

「クリスタリン遺伝子を正常化します」

「白内障を進めているクリスタリン遺伝子の異常をなくします」

治療の補助として

加齢黄斑変性

私たちがものを見るときに、像が映るスクリーンの役割を果たしているのが、眼球の後ろ側にある網膜です。その中心には、ものを見るために重要な「黄斑」という部分があります。この部分が加齢とともに変性して、ものが見えにくくなるのが加齢黄斑変性で、単に「黄斑変性」とも呼ばれます。

加齢黄斑変性は、50代以降に増えはじめ、高齢になるほど多くなります。代表的な症状は、「視界の真ん中付近がぼやける」「ものがゆがんで見える」などで、進行するにつれてゆがみがひどくなるとともに視野が欠けていき、最終的には失明する病気です。現在、日本では、成人の失明原因の第4位となっています。黄斑のなかでも、特に重要な中心窩《ちゅうしんか》という部分に変性が起きると、強い視力低下が急速に進みやすくなります。

加齢黄斑変性の大部分は、新生血管というものが生じることによって、黄斑が傷害を受けて起こります。そこで、眼科での治療としては、新生血管をレーザーで焼いたり、新生血管の増殖を促す成分を阻害する眼球注射を使ったりします。それとともにナポレオン気功を行うと、治療の補助になります。

黄斑の変性は、そこに瘀血や脂肪、タンパク質がこびりついていることが基盤になっています。そこで、ナポレオン気功では、それらを除くように念じます。また、目については、肝臓と胆のうが支配しているので、それらにも気功シールを貼る必要があります。

気功シールを貼る場所

①網膜の黄斑＝臓器等の図（128ページ）

眼球の図を使って、網膜の黄斑の部分に貼りましょう。

②肝臓・胆のう＝臓器の拡大図（135ページ）

図の肝臓と胆のうに貼ります。

唱える言葉

「黄斑にこびりついている瘀血や脂肪やタンパク質を分解します」

「黄斑にこびりついている瘀血や脂肪やタンパク質を流し去ります」

「黄斑と中心窩にある瘀血をなくします」

治療の補助として

アレルギー（アトピー性皮膚炎）

アレルギーとは、ウイルスや細菌などの病原体を排除する免疫のしくみが、本来は無害な特定の食べものや物質に対して働くものです。アレルゲン（アレルギー症状を起こす物質）を摂取したり、触れたり、吸ったりすると、皮膚や目のかゆみ、じんましん、むくみ、のどの腫れ、くしゃみ、鼻水、下痢、腹痛などが起こります。

先に述べた花粉症も、アレルギーの一種です。また、アレルギーが基盤になって皮膚が過敏になり、特定の食品やダニ、カビ、ホコリ、ペットの毛などがアレルゲンとなって、強いかゆみを伴う湿疹や皮膚炎を起こすのがアトピー性皮膚炎です。

アレルギーもアトピー性皮膚炎も、皮膚科やアレルギー外来などでさまざまな治療が行われますが、思うように改善できないケースが多いものです。できる治療は受けながら、ナポレオン気功を行えば、治療の補助や体質改善に役立ちます。

ナポレオン気功からみたアレルギーは、肝臓や十二指腸に深く関係します。ストレスで肝臓が悪くなり、特に肝臓の「方形葉」と「尾状葉」の血行が悪くなると、アレルギー症状が発症・悪化しやすくなります。

一方、十二指腸の働きが低下すると、胃液や十二指腸液が薄まってタンパク質の分解が不十分になり、それによって食物アレルギーが起こりやすくなります。そこで、アトピー性皮膚炎などアレルギーに対するナポレオン気功は、以下のように行いましょう。

気功シールを貼る場所

①肝臓の方形葉と尾状葉＝臓器等の図（135ページ）

肝臓の方形葉と尾状葉は、右葉と左葉の間にある小さな部分です。肝臓底面の図の方形葉と尾状葉に貼りましょう。

②十二指腸＝臓器等の図（133ページ）

十二指腸は、胃に続く腸の短い部分です。図の十二指腸に貼りましょう。

唱える言葉

①「肝臓のストレスを分解して流します」

②「十二指腸のストレスを分解して流します」

治療の補助として

関節リウマチ

関節リウマチは、免疫の異常によって関節に炎症が起こり、痛みや腫れなどが起こる病気です。進行すると、関節の変形が起こって動かしにくくなります。手足の指に起こりやすいのですが、手首、足首、肩、ひざなどに起きることもあります。40～60歳代の女性に多く発症しますが、最近ではさらに高齢で発症する方も増えています。また、全体から見れば少数とはいえ、10代や20代などの若いときに発症する例もあります。

一般的に行われる治療では、関節リウマチを起こしている免疫異常を改善するための「抗リウマチ薬」を使います。さらに、必要に応じて、炎症や痛みを軽減するステロイド薬（副腎皮質ホルモン剤）も用いられます。

症状が強いときは、安静と関節の保護が重要になります。症状が落ち着いているときは、適度な運動やリハビリを行い、筋力や関節の動きを維持することが大切です。

関節リウマチの原因ははっきり解明されていませんが、免疫のしくみが自分の組織を攻撃してしまう「自己免疫疾患」の一種で、遺伝的要因が関係すると考えられています。ナポレオン気功からみた関節リウマチの原因は、体に滞った瘀血、つまり老廃物を多く含む血液です。

関節リウマチの場合、実際に痛む体の部分に貼るのが基本になります。自分の体に貼りにくい場合は、代わりに人体図に貼ってもけっこうです。

医学的な治療を続けながら、ナポレオン気功を行うことで、関節リウマチの発症や悪化要因である瘀血を取り除き、進行を抑えたり、痛みを軽減したりできます。

気功シールを貼る場所

自分の体、または人体図（122〜125ページ）

体の痛む部分に貼ります。または、人体図の該当する部分に貼りましょう。

唱える言葉

「関節リウマチを起こしている瘀血を流します」

「関節リウマチの瘀血が溶けます」

治療の補助として

脂肪肝

脂肪肝とは、肝臓に過度な脂肪（おもに中性脂肪）が蓄積した状態です。脂身のような脂肪の塊ではなく、肝臓全体にフォアグラのように脂肪がたまります。

肥満や過食、お酒の飲み過ぎが主要な原因となるほか、糖尿病やステロイド剤の服用などが原因になる場合もあります。

自覚症状はほとんどないため、健診やたまたま受けた血液検査などで見つかることが多い病気です。特に、お酒の飲み過ぎによるアルコール性の脂肪肝は、そのまま飲み続けると、肝硬変などの重い病気に進むことがあるので要注意です。

もともとは多量のお酒を飲む人に多い病気ですが、最近はお酒を飲まない人にもみられることがわかってきました。このタイプの脂肪肝は「非アルコール性脂肪肝炎（ＮＡＳＨ）と呼ばれ、肝硬変などに移行しやすいので問題視されています。

治療は、過食やお酒の飲み過ぎをやめることや肥満を解消すること、バランスのよい食事と適度な運動を心がけることなどが中心になります。必要に応じて、脂質代謝を改善する薬が使われることもありますが、治療の中心は食事管理と運動です。
これらを心がけるとともに、ナポレオン気功を行うと、肝臓に貯まった脂肪を減少させるのに役立ちます。脂肪肝に対するナポレオン気功は、臓器の図を使って肝臓に気功シールを貼ります。そのうえで、肝臓の脂肪が溶けて流れるようにと唱えます。
なお、この方法は、脂肪肝に対するもので、同じ肝臓の病気でも、肝炎や肝硬変に進展した場合には使えませんのでご注意ください（肝炎や肝硬変に対する気功は、専門家に依頼する必要があります）。脂肪肝と診断されたら、肝炎や肝硬変に進む前に、早めに食事管理を始めるとともに、ナポレオン気功を行ってください。

気功シールを貼る場所

肝臓＝臓器等の図（135ページ）
肝臓の図に全体的に貼りましょう。

唱える言葉

「脂肪肝の脂肪を溶かします」「肝臓の脂肪が溶けて流れます」

治療の補助として

不妊症

不妊症はさまざまな原因で起こり、女性側の問題と男性側の問題があります。女性は産婦人科、男性は泌尿器科で検査を受け、双方が連携して治療を進めるのがベストです。

女性側では、子宮筋腫・卵巣のう腫・子宮内膜症などがないか、子宮の形の異常や卵管の閉塞などがないか、ホルモン異常や糖尿病などの全身疾患がないかなどを調べます。

男性側は、まず精液検査で精液の量・濃度、精子の形態・運動率・運動の質などを調べます。また、不妊症に関する病気の有無（病歴含む）、ホルモン異常の有無などを検査します。

しかし、あらゆる検査を行っても、原因がわからない不妊症も少なくありません。そういう不妊症をナポレオン気功からみると、実は「砂糖」と関係しています。

これは女性側の不妊症の原因ですが、子宮と卵管に砂糖がつまっている人が多いのです。通常の砂糖だけでなく、「果糖ブドウ糖液糖」（多くの食品に使われている甘味料）も含めて、子宮や卵管にたまっています。子供のころや学生のころに、アイスクリームやケーキなどの甘い菓子類を多く食べた人にみられる傾向です。

特に、卵管のいちばん先で手のように広がっている「卵管采《らんかんさい》」という部分が、砂糖でべたついているケースが多いのです。卵管采は、卵巣から排出された卵子をキャッチする部分です。まさに手のようになった部分でキャッチされた卵子が、その後、精子と出会うのですから、卵管采は妊娠するための最初の重要なプロセスを担っています。

その卵管采が砂糖などでべたついていると、卵子をうまくキャッチできません。さらに、子宮や卵巣にも砂糖がついていることが多く、妊娠の阻害要因になります。ナポレオン気功では、その砂糖を溶かすことがポイントになります。やり方は以下の通りです。

気功シールを貼る場所

子宮、卵管、卵管采＝臓器等の図（138ページ）

女性生殖器の図を使って、子宮、卵巣、卵管采に貼りましょう。

唱える言葉

「子宮、卵巣、卵管采の砂糖を溶かします」

「子宮、卵巣、卵管采についている砂糖を溶かして除きます」

治療の補助として

前立腺肥大

前立腺は男性の膀胱の下に、尿道をとりまくようにあるクルミ大の臓器で、精液の成分を分泌しています。40歳代くらいから、前立腺は一種の老化現象として肥大し始めます。初期は無症状ですが、人によっては次第に症状が現れます。これが「前立腺肥大症」です。男性の約80％が、80歳までには前立腺肥大症になるといわれています。

前立腺肥大症の症状は、「尿がスムーズに出にくい」「排尿に時間がかかる」「残尿感があって頻尿になる」などです。

悪化すると、腹部に力を入れないと尿が出なくなってきて、最もひどい場合は尿が出なくなります（尿閉）。その場合は、早急に医療機関でカテーテル（管）を用いて尿を出す処置をする必要があります。

一般的な治療としては、前立腺の筋肉の緊張をやわらげる薬や男性ホルモン剤などを使います。薬で改善できない場合や症状が強いときは、尿道から内視鏡を入れて行う手術や開腹手術が検討されます。

前立腺肥大症の悪化を防ぐための日常の注意としては、「尿を我慢しない」「体を冷やさない」「長時間座り続けないで適度な運動をする」「便秘をしない」「水分を十分に摂取し、アルコール飲料を控える」などが必要です。

前立腺肥大症に対しては、適切な治療を受けるとともに、こうした日常の注意を心がけることが大切ですが、併せてナポレオン気功を行うことで、回復を促す助けになります。

ナポレオン気功からみた前立腺肥大症の原因は、前立腺に瘀血やコレステロール、果糖ブドウ糖液糖（多くの食品に使われている甘味料）がこびりついていることです。

そこで、前立腺肥大に対するナポレオン気功は、下記のように行います。

気功シールを貼る場所

前立腺＝臓器等の図（137ページ）

男性生殖器の図を使って前立腺に貼ります。

唱える言葉

「前立腺にこびりついている瘀血とコレステロールと果糖ブドウ糖液糖を溶かします」

治療の補助として

糖尿病

いまや国民病といわれるほど、患者や予備群が増え続けている糖尿病。私のところにみえるクライアントさんも、全体の3割くらいは糖尿病の方です。

糖尿病は、膵臓壁に点在している「ランゲルハンス島のベータ細胞」という分泌細胞から出るインスリンの量や作用が不足して起こる病気です。

インスリンは、食事などでとった糖を細胞に取り込ませ、エネルギー源として働かせるホルモンです。その量や作用の不足によって、糖尿病の人は血糖値が上がりやすくなり、放置すると、高血糖や血糖値の乱高下によって、血管障害や動脈硬化が進んでしまいます。

その結果、網膜症や腎症、足の壊疽（組織が死ぬこと）といった合併症や、心臓病、脳血管障害などの怖い病気を招きやすくなるので要注意です。

それを防ぐには、血糖コントロールのための食事管理と運動を行いながら、必要に応じて薬を使います。食事は、糖質とエネルギーをとり過ぎないようにしながら、バランスよくとることが大事です。

1つ注意が必要な点として、市販のジュースや炭酸飲料、菓子パン、調味料などに、甘味をつけるために幅広く用いられている「果糖ブドウ糖液糖」というものは、血糖値を上げるうえ、血管にも付着しやすいので、できるだけとらないようにしましょう。

原材料名に「果糖ブドウ糖液糖」と記載されている食品は控えてください。

また、糖尿病の人は、天ぷらなどの揚げものも控えめにするほうがよいでしょう。

こうしたことを心がけるとともに、以下のナポレオン気功を行うと、糖尿病の血糖コントロールがやりやすくなります。

気功シールを貼る場所

膵臓＝臓器等の図（133ページ）

臓器の図の中の膵臓の位置に貼ります。

唱える言葉

「動脈や静脈のストレスを取り去ります」「インスリンがたくさん出るようになります」

「ランゲルハンス島のベータ細胞からたくさんインスリンを出してください」

治療の補助として

ガンに伴う痛み

現在の日本では、2人に1人がガンにかかり、3人に1人がガンで亡くなっており、ガンは私たちにとって身近な病気になってきました。

ガン細胞の最も基本的な特徴は、「無秩序に増殖する」ことです。正常細胞は、一定の秩序のもとで増殖し、必要な大きさになれば増殖が止まります。また、老化した細胞は自ら死に、組織は一定の周期で新しい細胞に入れ替わります。

ガン細胞は、こうした秩序を無視して増殖し続けます。ガンの多くは、初期は痛みを起こしませんが、進行していくと、ほとんどの場合に痛みが起きてきます。

ガン細胞が正常細胞に食い込むようにして増殖するため、正常細胞が傷つけられて痛みが起こるのです。もちろん痛みの起こり方は、ガンの種類やそのほかの条件によっても違ってきますが、ガンの末期には、約7割の人が痛みを体験し、その8割は激痛ともいわれています。

現在では、ガンの痛みの緩和ケアは進歩してきています。各種の強い鎮痛薬を用いて痛みをやわらげたり、神経に麻酔薬を注入するブロック注射を行ったり、患部を温めたり、場合によっては逆に冷やしたりすることで、痛みが緩和できる場合があります。このほか、鍼灸治療やマッサージ、アロマテラピーなどで痛みを緩和することも行われています。

しかし、これらでカバーしきれない痛みもあります。そんなときには、できる限りの緩和ケアを受けるとともに、ナポレオン気功を役立てるとよいでしょう。ナポレオン気功は、ガンそのものの改善はできませんが、痛みの緩和には役立ちます。この場合、痛む部分に直接、気功シールを貼ります。貼りにくい場合には、人体図を利用してもかまいません。

気功シールを貼る場所

痛む場所＝自分の体、または人体図（122〜125ページ）

自分の体の痛む部分に貼ります。貼りにくいときなどは人体図の該当部分に貼ります。

唱える言葉

「ガン細胞が出す痛みの物質を分解します」「ガン細胞が作り出す毒素を分解します」

「ガンの痛みの物質を溶かします」

そのほかの悩みや願望

運勢向上・望みを叶える

ナポレオン気功は、不快症状への対処や治療の補助としてだけでなく、運勢向上や人間関係の悩みなどにも使うことができます。そこで、まずは運勢向上や望みを叶えるためのナポレオン気功についてお話しします。

「出世したい」「頭をよくしたい」「モテるようになりたい」「会社を繁栄させたい」「ビジネスで成功したい」「運動神経をよくしたい」「有名になりたい」

そういった望みを叶えるには、以下のようにしてください。

143ページの図をコピーして、長方形の中の縦枠に自分の名前を縦書きします。上にある横長の枠には願望を横書きします。そのあと、願望を強く念じながら、自分の名前を囲むように気功シールを貼ります。ほかにも短期で成果を出すための「ロケット」の図を使う方法や、事業の繁栄を願う図を使う方法などがあります。

巻末に、図とシールを貼った例を掲載していますので、それらを使って望みが叶うナポレオン気功を行ってください。

気功シールを貼る図と貼り方

※図のページにある説明文も参照してください。

①運勢向上・望みを叶える基本の図（長方形）（143ページ）

下枠に自分の名前、上枠に望みの内容を書き、名前を囲むように気功シールを貼ります。

②ロケットの図（ロケット型）（144ページ）

比較的短期で達成したい目標・願望で使います。上の枠に目標や願望を、矢印が付いた下の枠に会社名や個人名を記入し、その両方を囲むように気功シールを貼ります。

③事業繁栄の図（人型を含む長方形）（145ページ）

主に事業繁栄に関連した願望で使います。真ん中の人型の枠に社長などの名前、上の枠に会社名・団体名などを書き、周囲を気功シールで囲みます。

【注】本書カバー（裏面）記載のQRコードから、気功シールの使い方動画などを閲覧できます。本文記載の方法と少し異なる部分もありますが、どちらのやり方も間違いではありません。ご自身で図など、いろいろと考案していただいても大丈夫です。ただ、大切なのは、人名（会社名）と願いの2か所を指で押さえつけ、願いの言葉と数字の1から5を唱えることです。これだけはしっかりと守ってください。

唱える言葉　それぞれ望みの具体的な内容を唱えてください。

人間関係

とりわけ人との関係を円滑にしたいときや修復したいときなどに役立つナポレオン気功をご紹介します。友人関係、会社の上司や同僚、後輩との関係、近所の人間関係、学校での人間関係などです（恋愛関係や家族との関係は次項でご紹介します）。

例えば、会社の上司と折り合いが悪く、関係がギクシャクしているときや、相手に傷つけられたときなどに使うことができます。

人間関係に関するナポレオン気功は、「無限大」のような図（∞）を使います。

私はこれを「メビウスの輪」と称しています。実際のメビウスの輪は、細長い帯の裏表を1回ねじって貼り合わせたもので、表裏の区別のない連続面ができます。メビウスの輪のような連続した人間関係を作るために、この図形が役立ちます。

人間関係のナポレオン気功については、このメビウスの輪を使うことと、もう1つポイントがあります。それは、脳の「扁桃体」という部位に関することです。実は、人を傷つけたり、人に傷つけられたりすると、脳の扁桃体に傷がつきます。

人に傷つけられたときは「許します」という言葉を口にすることで、扁桃体についた傷をなくせます。そうすることで、相手との関係性をよくしたり、修復したりできるのです。
そこで、人間関係に関するナポレオン気功は、以下のようにしてください。

気功シールを貼る図と貼り方

メビウスの輪の図（∞）（146ページ）

※図のページにある説明文も参照してください。

左側の輪の枠に自分の名前を、右側の輪の枠に相手の名前を書きます。書いたあと、メビウスの輪の線に沿って気功シールを貼ります。

唱える言葉

仲がギクシャクしている場合：「会社の上司の（相手の名前）さんと私は仲よくなります」「友人の（相手の名前）さんと私は仲よくなります」

相手に傷つけられた場合：「私は（相手の名前）さんを許します」「私は（相手の名前）さんに対する憎しみをとるために、扁桃体にできた心（脳）の傷をなくします」

※「私」の部分をご自分の名前に置きかえて唱えましょう。

そのほかの悩みや願望

恋愛・家族関係

「恋人との間がうまくいっていないので修復したい」「夫婦の関係がギクシャクしているが、本当は仲よくしたい」「好きな人に自分のことを好きになって欲しい」など、恋愛や夫婦関係に関する悩みや望みは尽きないでしょう。また、「子供を傷つけてしまったので関係を修復したい」「親に自分（子供）を理解してほしい」など、親子関係でも悩みを抱えている人も多いでしょう。

こうした関係を円滑にしたり、修復したりするためにも、ナポレオン気功が役立ちます。この場合は、前項で触れたメビウスの輪やキス模式図を使います。また、前項で触れた「扁桃体」は、人の情動に関する部分なので、この場合も活用して念じます。やり方は以下の通りです。

気功シールを貼る図と貼り方

※図のページにある説明文も参照してください。

恋愛の場合は、キス模式図（**147ページ**）を使います。男女別の枠にそれぞれ自分と相手の名前を書き、周りを気功シールで囲みましょう。

家族関係の場合は、前項でも紹介したメビウスの輪（**∞**）（**146ページ**）の図を使ってください。左側の輪の枠に自分、右側の枠に対象となる家族の名前を書きます。メビウスの輪の線に沿って気功シールを貼ります。

唱える言葉

※「私」の部分をご自分の名前に置きかえて唱えましょう。

恋愛関係：「私は、（相手の名前）さんの扁桃体に、私のいいイメージを植え付けます」「（相手の名前）さんは私に対して好意をもつようになります」。

夫婦関係：「（相手の名前）は私のことを好きになります」「（相手の名前）は私に文句を言わなくなります」

親子関係：「私は自分の子供である（子供の名前）の心の傷を癒します」「私は自分の子供である（子供の名前）の扁桃体の傷を修復します」「私は自分の子供である（子供の名前）と仲よくなれます」「私の親である（親の名前）は私のことを理解してくれるようになります」

失恋

失恋してひどく傷つくと、「二度と恋などしない」と思いがちです。私のところにみえるクライアントさんにも、そういう方がおられます。

例えば、ある男性は、失恋して「もう二度と僕は女の人なんて好きにならない」とおっしゃっていました。ところが、私が施術して、脳の扁桃体にある傷を治すと、また前向きに恋愛できるようになりました。

人間関係についての項でも述べましたが、脳の扁桃体は人間の情動に関わる部分です。場所としては側頭葉の内側にある小さな部分です。

失恋すると、実は扁桃体に、非常に小さな傷ができます。私が施術を行うときは、その傷を気の力でなくします。布にアイロンをかけてしわを消すように、傷を消すのです。すると、失恋して傷ついたことが「なかったこと」になります。思い出は残るのですが、傷ついた記憶がなくなるので、また恋愛ができるようになるのです。

女性でも、失恋してひどく傷つき、「私は生涯、独身を通す」といっていた人が、扁桃体の傷をとることで、再び前向きに恋愛でき、結婚まで成就することが少なくありません。

実はこの方法は、気功シールを使ったナポレオン気功でもできます。つまり、自分自身で、傷ついた記憶を消去することができるのです。この場合、長方形の図を使って以下のように行ってください。

気功シールを貼る図と貼り方

※図のページにある説明文も参照してください。

長方形の図を使う。（143ページ）

真ん中の枠に自分の名前を書き、名前の周囲と名字に気功シールを貼ります。上部の横長の枠には「扁桃体・心の傷」と書き入れます。自分の親指を、名字に貼ったシールに当て、人差し指を「扁桃体・心の傷」の字に当てて次の言葉を唱えます。

唱える言葉

「私が（相手の名前）さんとの間で失恋した痛みをなくします」
「私は、（相手の名前）さんとの間における恋愛の破局による心の痛みをなくします」
※「私」の部分をご自分の名前に置きかえて唱えましょう。

トラウマ

生きていると、さまざまなことがトラウマ（心の傷）になります。深いトラウマは、本人も気づかないうちに心身の状態に影を落とし、生き方を制限したり、自己肯定感を低くしたり、さまざまな症状を引き起こしたりします。

例えば、交通事故を起こしてしまい、加害者になった場合など、深刻なトラウマが生じることがあります。加害者が心の傷を負うのは当然という考え方もあるでしょうが、意図的にしたわけではない交通事故の場合、そういう考え方だけではあまりにも救いがないといえます。加害者側も大きな苦しみのなかにあるので、何らかの救いは必要でしょう。

そんな場合に、前項で述べた「扁桃体の傷を消す」方法が役立ちます。

心の傷を負うと、脳の扁桃体に、だいたい長さ0・1〜0・2ミリ程度から、0・6〜0・8ミリ程度のまっすぐの傷ができます。一般的には、0・6〜0・8ミリ程度の傷が多く見られます。この傷に対して、前項で述べた通り、気功で施術するときは気の力で傷を消します。しわにアイロンをかけるようにして傷をとるのです。

ご自分で行うナポレオン気功でも、これを行うことができます。交通事故によるトラウマに限らず、何らかの過去のトラウマで苦しんでいる人に役立つ方法です。強いうつに陥っている人は、過去のトラウマが原因になっている場合が多くあります。うつから抜け出すためにも、このナポレオン気功を行ってみるとよいでしょう。

気功シールを貼る図と貼り方

※図のページにある説明文も参照してください。

長方形の図を使う。（143ページ）

真ん中の枠に自分の名前を書き、名前の周囲と名字に気功シールを貼ります。上部の横長の枠には「扁桃体・心の傷」と書き入れます。自分の親指を、名字に貼ったシールに当て、人差し指を「扁桃体・心の傷」の字に当てて次の言葉を唱えます。

唱える言葉

交通事故のトラウマの場合：「交通事故で起きた心の痛みをなくします」「加害行為をして相手に迷惑をかけましたが、そのことについての心の傷をなくします」

そのほかのトラウマの場合：「私の扁桃体にできた心の傷をなくします」

※「私」の部分をご自分の名前に置きかえて唱えましょう。

そのほかの悩みや願望

勇気・やる気が出る

人生の中で、あるいは普段の生活の中で、「今ここで勇気を出したい」「やる気を出したい」という場面があるものです。

例えば、仕事なら重要な会議があるとか、重要な取引先に会いに行って交渉ごとをまとめなければならないときなどです。上司や同僚や部下に、煙たがられそうなことを、敢えて言わなければならない場面などもあるでしょう。

私生活なら、例えば一生連れ添いたいと決めた相手にプロポーズをするときには、「今こそ勇気を出したい」と強く思うでしょう。

スポーツシーンでも、そういうことが多くあります。プロスポーツ選手ならもちろんですが、趣味でやっているスポーツでも、「ここで頑張りたい」という場面が必ずあるでしょう。

音楽やコーラスの発表会、何かの資格をとるための試験に臨むときなども、同じく、勇気とやる気を出したい場面です。

そんなときにも、ナポレオン気功が役立ちます。勇気とやる気を出すための場所は、おへその下にある「丹田」です。丹田は「精神と肉体を安定させる場所」「心身に軸を通すための場所」などといわれ、武術などでは特に重視されています。

ヨガなどでいわれる「チャクラ」（エネルギーの出入口で全身に7つあるとされる）でいうと、丹田は第二チャクラに当たります。

ナポレオン気功では、この丹田を活用して、勇気ややる気を出させることができます。

やり方は以下の通りです。

気功シールを貼る場所

丹田＝自分の体、または人体図（123ページ）

丹田は、おへそから指の幅4本分（自分の人差し指～小指をそろえた幅）、下に行ったところです。自分の丹田に貼るか、または人体図の丹田に貼りましょう。

唱える言葉

「私、○○○○（自分の名前）の丹田に最大限の宇宙エネルギーを注入します」

3

もっと知りたい！
ナポレオン気功Q&A

Q 作った気功シールはいつまで使えますか？

気功シールは、描かれている六芒星の形と、その中の光という文字が、エネルギーを集める働きをします。ですから、描かれているこの形と文字が消えない限りは使うことができます。

本書の付録のシールは、裏が粘着テープになっていますが、その粘着力が衰えたとしても、シールそのものがしっかりしていれば、絆創膏などで貼って使えます。

ご自分で作ったシールの場合、材質などにもよりますが、くり返し使っていると、一部が破れたり、薄くなったりしてくるかもしれません。そうなったら、補修して使ってもけっこうですが、簡単に作れるシールですから、できれば作りなおして使うとよいでしょう。作るときに多めに作っておき、破れたり、傷んだりしたら取り替えるのもよい方法です。

なお、貼ってから何日かたった気功シールには、ときどき、「エネルギーを注入します。1・2・3・4・5」と声がけすると、薄れたエネルギーを戻すことができます。

特に大きな効用が感じられたあとは、リフレッシュするために、使っていた気功シールは捨て、新しいものを使うとよいでしょう。気功シールは人と共用したり、人と貸し借りしないで、それぞれの人に専用のものを使いましょう。

Q 寝ているときに気功シールを貼ってもいいですか？

寝ているときに貼っても構いません。体に貼る場合、日中に貼ると目立って貼りにくい場所でも、寝ているときなら貼りやすいという利点があります。

睡眠中には、自律神経のうち、リラックス状態を作り出す副交感神経が優位（働きが強まること）になっているので、余計に改善が促されます。

基本的に不調や病気は、緊張時に働く交感神経より副交感神経が優位のときのほうが治りやすくなっています。日中は交感神経、夜間は副交感神経が優位になるので、基本的に夜間のほうが改善が促されやすいのです。

ただし、寝ている間に、貼っている絆創膏などの刺激でかゆくなったら、すぐはがしてください。

Q 気功シールを貼る位置がよくわからないときはどうすればいいですか?

本編で紹介した症状・目的別のやり方では、貼る場所をわかりやすく解説しました。それでも、実際に貼るときには「本当にこの場所でよいのだろうか」「細かい位置がわからない」と思うときもあるでしょうが、基本的には、本編の解説でわかる範囲で貼っていただけばけっこうです。

気功シールは、一定の大きさがありますし、それほど厳密に位置を気にしなくても、目的の作用は得られるからです。貼る位置を細かく気にするよりは、貼ったあとに言葉を唱えるときに、言葉が実現されるイメージで唱えることが重要です。

Q　気功シールを貼ったところがかぶれてきたのですが…

かぶれてきたら、貼り続けないで、すぐに気功シールをはがしてください。「すぐに」といっても、肌の弱い人は急な動作ではがすと肌を傷める場合があるので、そっとはがしましょう。

はがれにくいと感じるときは、水かぬるま湯でぬらすと安全にはがしやすくなります。はがしたあとは、そっとぬるま湯などで洗っておきましょう。かゆみや赤みがある間は、再びシール（絆創膏）を貼らないでください。

薬局には、いろいろな「かぶれにくい絆創膏」があります。肌が丈夫でない人は、そういうかぶれにくい絆創膏を入手して使うようにしてください。

気功シールをハンカチに貼り、それを腹巻きやサポーターなどにはさむと、かぶれの心配なく気功シールを使うことができます。場所は限られますが、腹部やサポーターが使える場所の場合は、この方法を用いてもよいでしょう。

Q 改善が感じられないのですが、どうしたらいいですか？

ナポレオン気功は、気功シールを貼ることで、気功の練習を重ねた人と同じような作用を得られる方法ですが、すべての場合に100％の力を発揮できるとは限りません。

作用が十分でないと感じるときは、貼るシールの数を増やしたり、1円玉に気功シールを貼って使うコンデンサー療法を行ったりすれば、パワーを強めることができます。

また、一定の期間続けることで、徐々にパワーが高まってくる場合もあります。

気功シールを貼ったあとに言葉を唱えるとき、願いが左脳ではなく右脳に入るようにイメージすることも大切です。本編で述べた通り、言葉を唱えたあとに「1・2・3・4・5」とつけ加えるのも、無心に数を数えることで、その願望を右脳に入れるためです。

改善が感じられないときには、これらの方法でやってみるとよいでしょう。

Q シールに自分で気を込められる自信がないのですが…

気功シールは、六芒星の中（正六角形で囲まれた部分）に「光」という字を書き入れて作ります。本編で述べた通り、「光」という字を書き込むときには、「太陽の光、月の光、星々の光が、この光という字に入ります」と言って、そのイメージを念じながら書くのがポイントです。

難しく考える必要はなく、この言葉を言いながらイメージすれば十分です。気を込める力は、修行を積んだ人だけでなく、もともと誰にでもあるので、そのようにすれば気を込めることができます。

しかし、どうしても自信がなく、そのためにできたシールの力に疑念を抱いてしまうと、逆効果になりかねません。その場合は、付録の気功シールを使うか、私が「光」という字を書き入れたもの（121ページ）をコピーして使ってもけっこうです。

Q 自分で作ったシールを家族などに試してもいいでしょうか？

気を操る能力を手に入れた気功の熟練者は、他者に対してその力を発揮できます。私たちがクライアントさんに行っているのがこれで、「外気功」と呼ばれます。

気功シールを使ったナポレオン気功は、原則的にはご自分の体に対して行う健康法であり、自分の願いを叶える自己実現法でもあります。つまり、気功シールの力を借りながら、自分の心身に働きかけるものです。

しかし、家族や親しい友人などであれば、他者に試してみてもよいでしょう。ご自分の心身ほどではなくても、多少の作用が得られることもありますし、害はいっさいありませんので、家庭療法として試しやすいでしょう。

ただし、同じ気功シールを共用したり、貸し借りしたりしないで、その人専用のものを使ってください。

また、あくまでも補助的に使う程度にし、過信したり、改善が見られないのに長く続けたりすることは避けてください。

Q 気功シールの作用を高めるために気をつけることはありますか？

ここまでにも何度か述べていますが、言葉を唱えるときに「右脳に入る」とイメージすることが大切です。難しいことではなく、脳の中央から右側が右脳なので、そこに入るイメージで唱えてください。それによって作用が発揮されやすくなります。

また、多くの病気は、食生活にも関わっています。これも本編で触れましたが、特に現在、多くの食品に含まれている「果糖ブドウ糖液糖」と、天ぷらやフライなどの揚げものは、血管の中の瘀血やコレステロールを増やして、多くの病気を招いたり、悪化させたりします。

ナポレオン気功のパワーが十分得られるようにするには、食生活でこれらを控えることも重要です。

Q 複数の目的の貼り方を同時にしてもいいですか？

体にあまりにも多くの気功シールを貼るのは考えものですが、２～３の目的の気功シールを同時に貼るくらいなら差し支えないでしょう。人体図などに貼る方法も、それに準じます。

貼ったあとは、貼った部位を意識しながら、それぞれの目的に合う言葉を順に唱えてください。

Q 1円玉以外の硬貨を使ってはいけませんか？

気功シールを1円玉に貼って使うのは、1円玉の素材である「アルミニウム」を利用するためです。

本編でご説明した通り、金属には、有害な「プラスイオン」を吸い取る力があり、その強さは金属の種類によって違います。金属の中でも、特にプラスイオンを吸い取る力が強いのがアルミニウムです。

1円玉は、どのご家庭にもあるうえ、大きさも手頃です。そこで、アルミニウムの作用を得るために、気功シールと1円玉を同時に使うコンデンサー療法を考案したのです。

アルミニウムという素材が重要であるため、例えば銅などでできている10円玉や5円玉では代わりになりません。それよりは、アルミホイルを1円玉大にたたんで使ったり、一定の広さのアルミホイルに気功シールを何枚か貼って使ったりするとよいでしょう。

4

今すぐ使えるイラスト資料集

イラスト資料集の使い方

(1)まずは次ページの気功シールをコピーしたり、ノートやメモなどに書き写したりしたうえで、ハサミなどで切り取り、多めに用意しておきましょう。本書の付録の気功シールを使ったり、次ページの気功シールを切り取って使うこともできますが、数に限りが出てしまうので、コピーなどされて使用されることをおすすめします。※書き写す場合は厳密でなくても大丈夫です。できる範囲で書き写しましょう。なお、1円玉の直径は20㎜ですので、1円玉に貼って使う場合も考慮し、シールの直径も同じサイズもしくはそれよりも少し大きいサイズになるよう配慮してください。

(2)次に「症状別・目的別ナポレオン気功39例」の各項目の記載内容に従って、使用するイラストを選択してください。

(3)使用するイラストが決まったら、それをコピーしたり、ノートやメモなどに書き写したりして、そこに気功シールを貼っていきます。本書掲載のイラストはサイズがあまり大きくないため、コピーなどする際はできれば拡大しましょう。

もちろん本書のイラストに直接気功シールを貼っても構いません。ただ、繰り返し使うことを考えると、コピーなどをされてお使いになられることをおすすめします。

(4)気功シールを貼る場所や唱える言葉など、やり方については「症状別・目的別ナポレオン気功39例」の各項目その他本編の記載内容に従ってください。貼る場所についてはイラストのページで図示していたり、補足説明を加えていたりしますので、それも参考にしてください。

【注】当イラスト資料集掲載のイラストは、弊社にて独自作成したのもですが、一部、成美堂出版刊行『ぜんぶわかる人体解剖図』等に掲載の図案を参考にさせていただきました。なお、本書の利用上必要な範囲で簡略化等行いつつ作成しましたので、臓器の形や構造その他詳細につきまして、描画上厳密な正確性を保証していません。その点、ご留意の上ご活用ください。

※本書記載の内容に従ってご利用いただく限りは、まったく問題ありません。

気功シール

人体図（上半身前面）

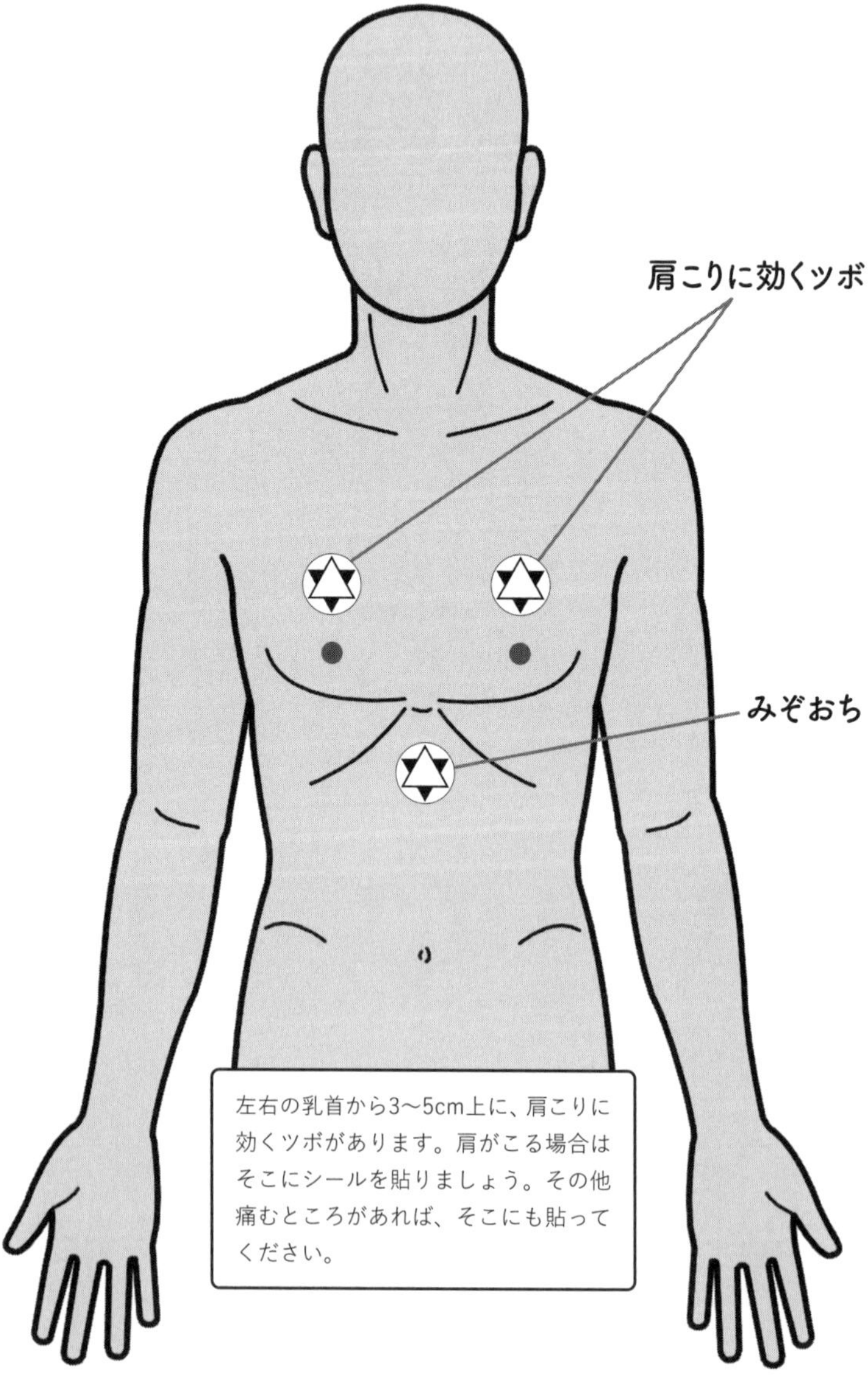

左右の乳首から3～5cm上に、肩こりに効くツボがあります。肩がこる場合はそこにシールを貼りましょう。その他痛むところがあれば、そこにも貼ってください。

人体図（下半身前面）

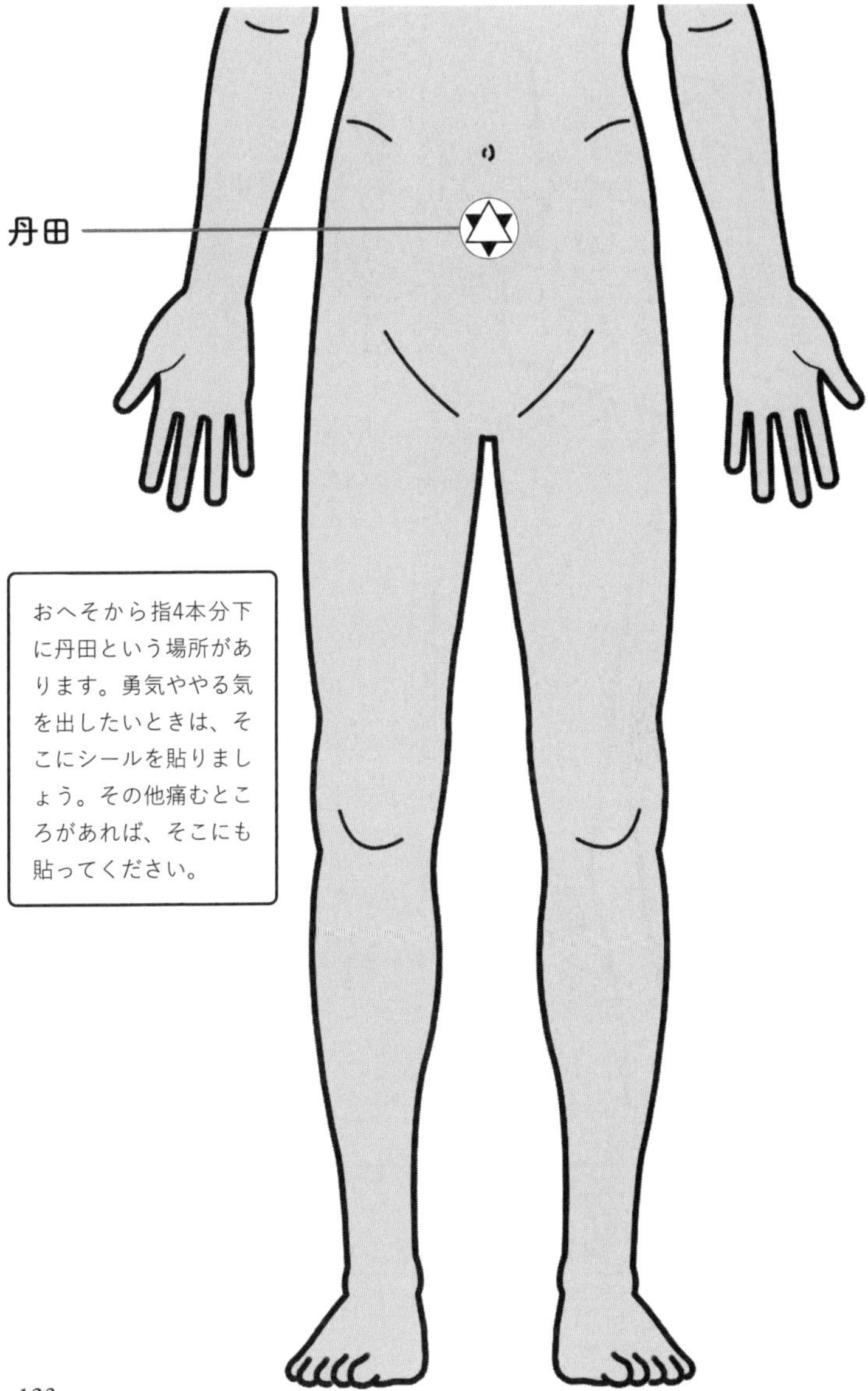

おへそから指4本分下に丹田という場所があります。勇気ややる気を出したいときは、そこにシールを貼りましょう。その他痛むところがあれば、そこにも貼ってください。

人体図（上半身背面）

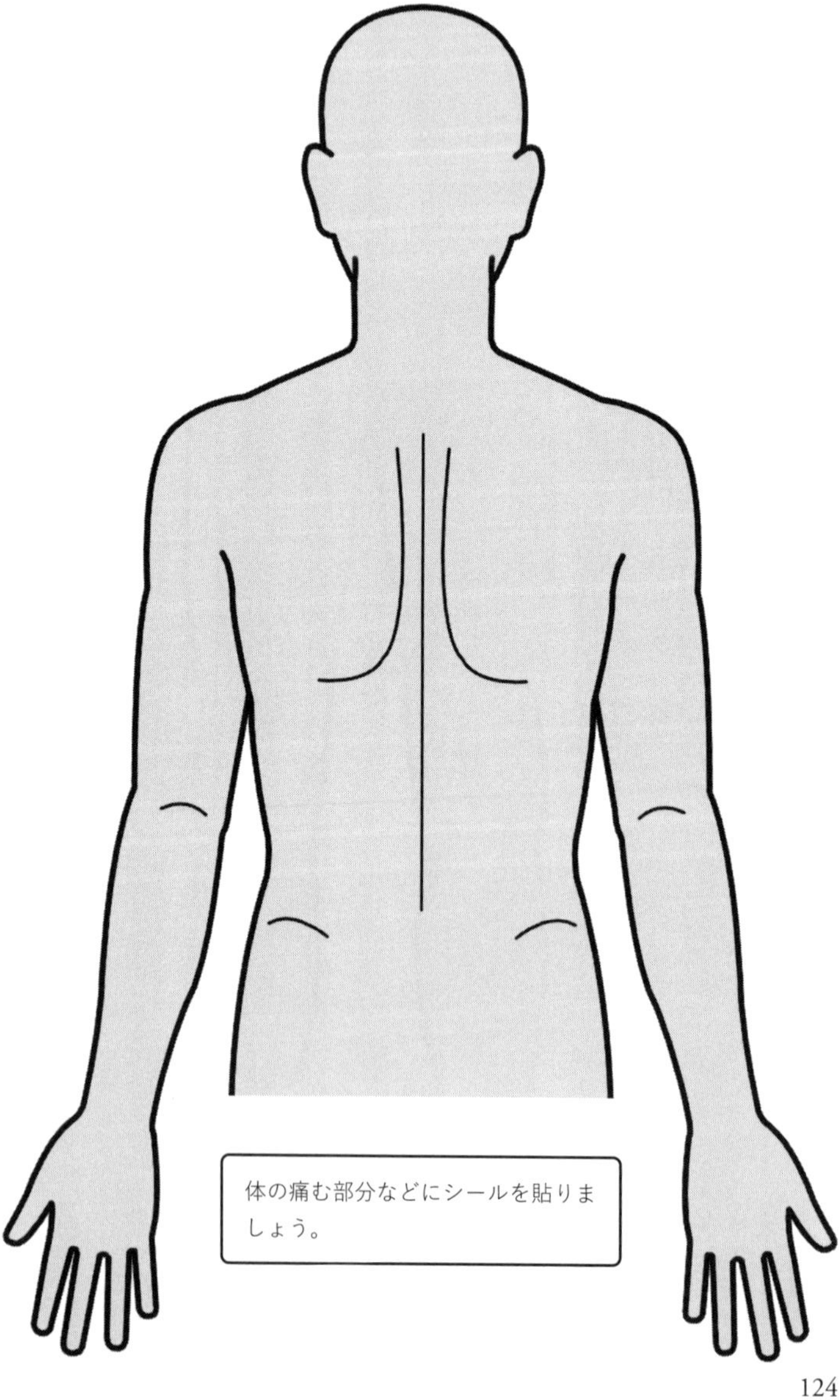

体の痛む部分などにシールを貼りましょう。

人体図（下半身背面）

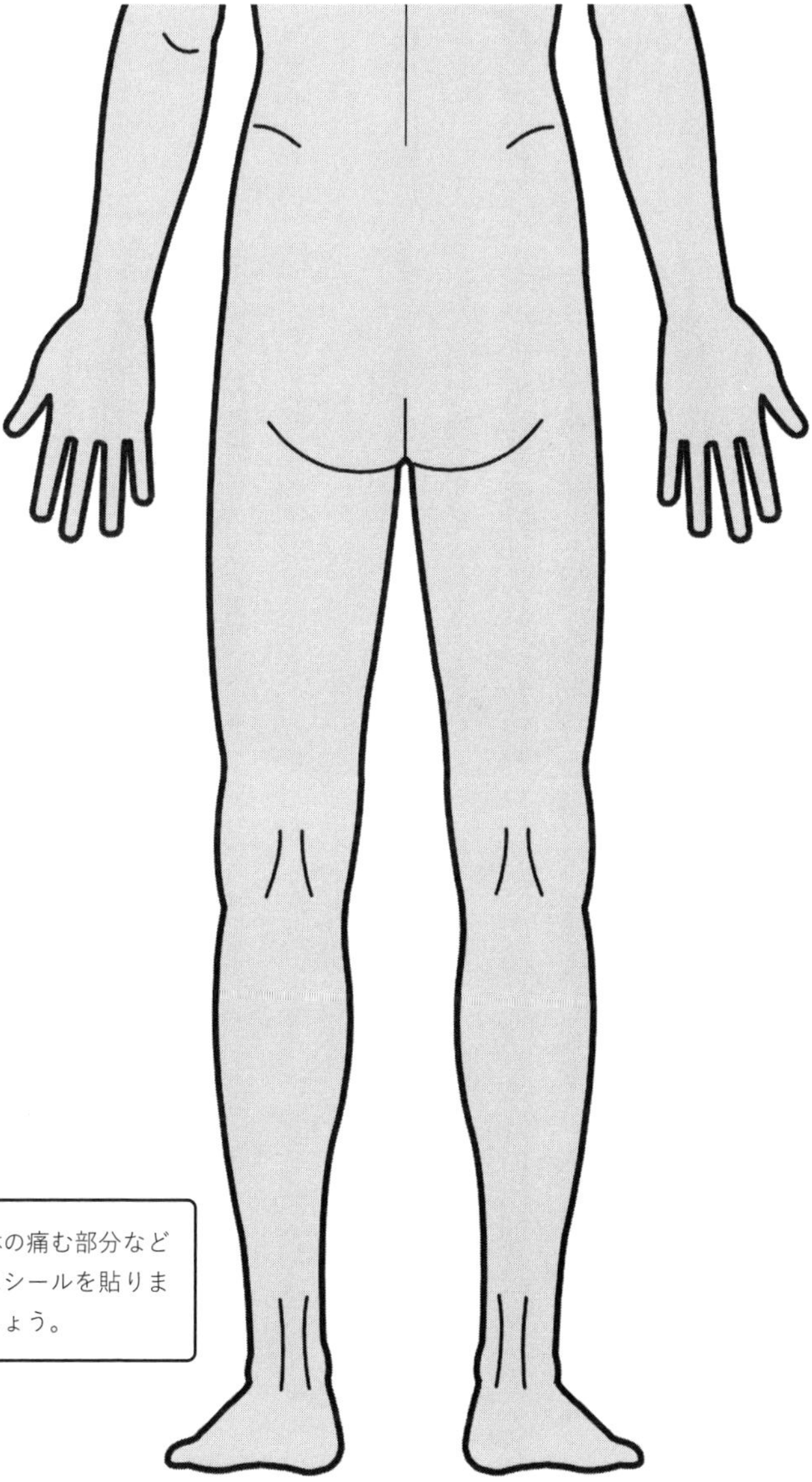

体の痛む部分などにシールを貼りましょう。

脳の表面の図

上から見た図

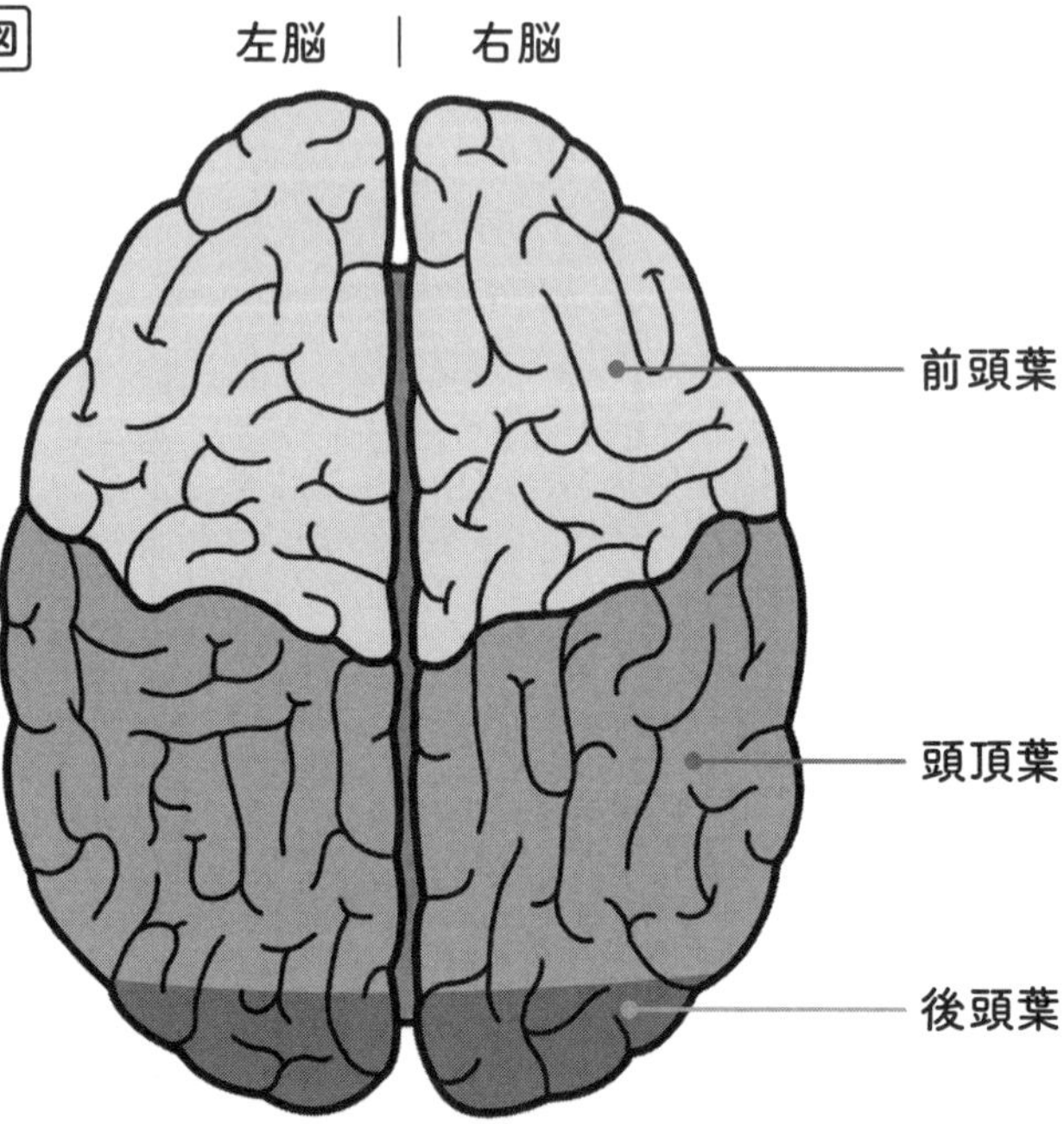

横から見た図

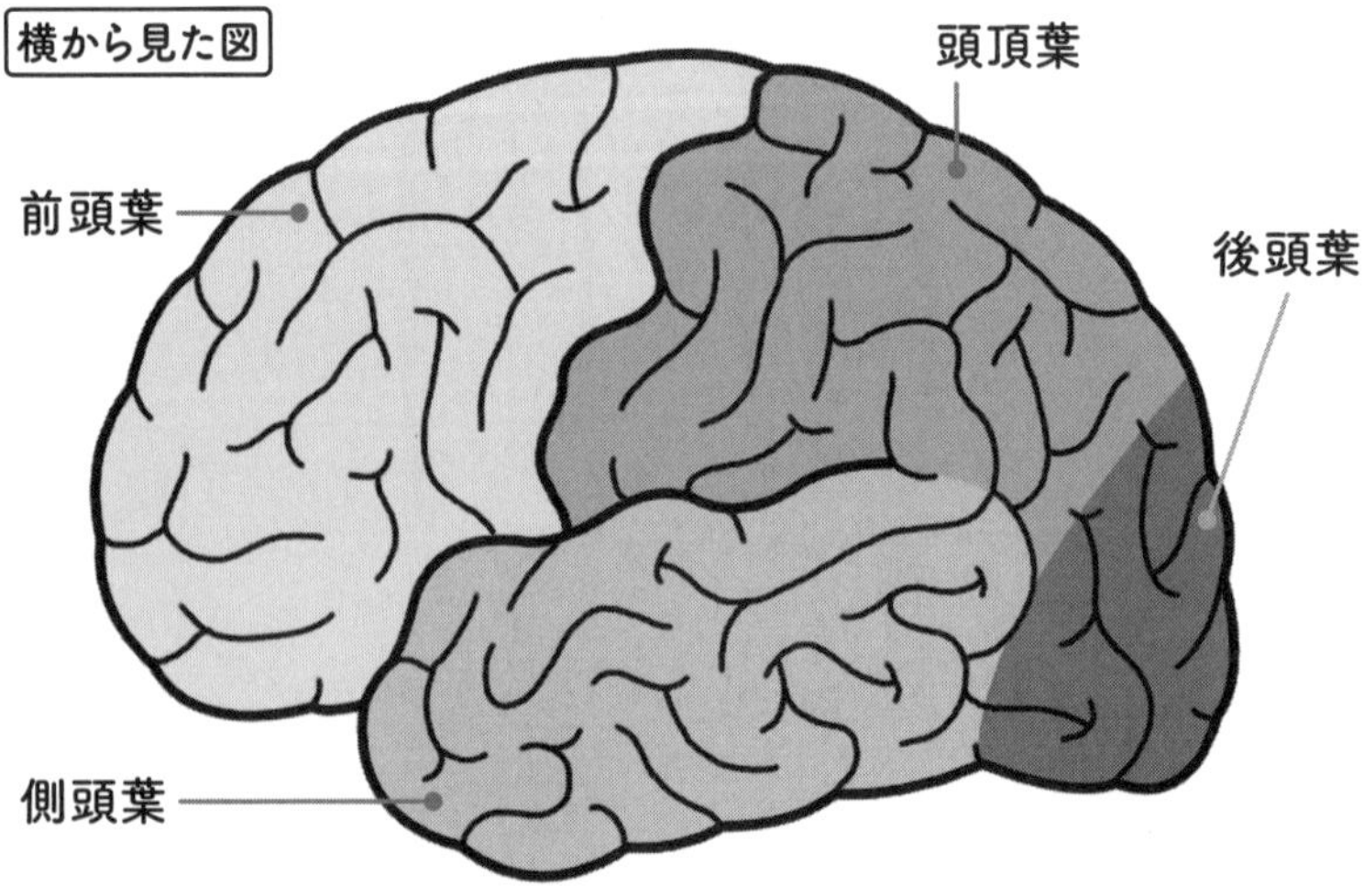

脳断面（小脳・海馬・扁桃体）の図

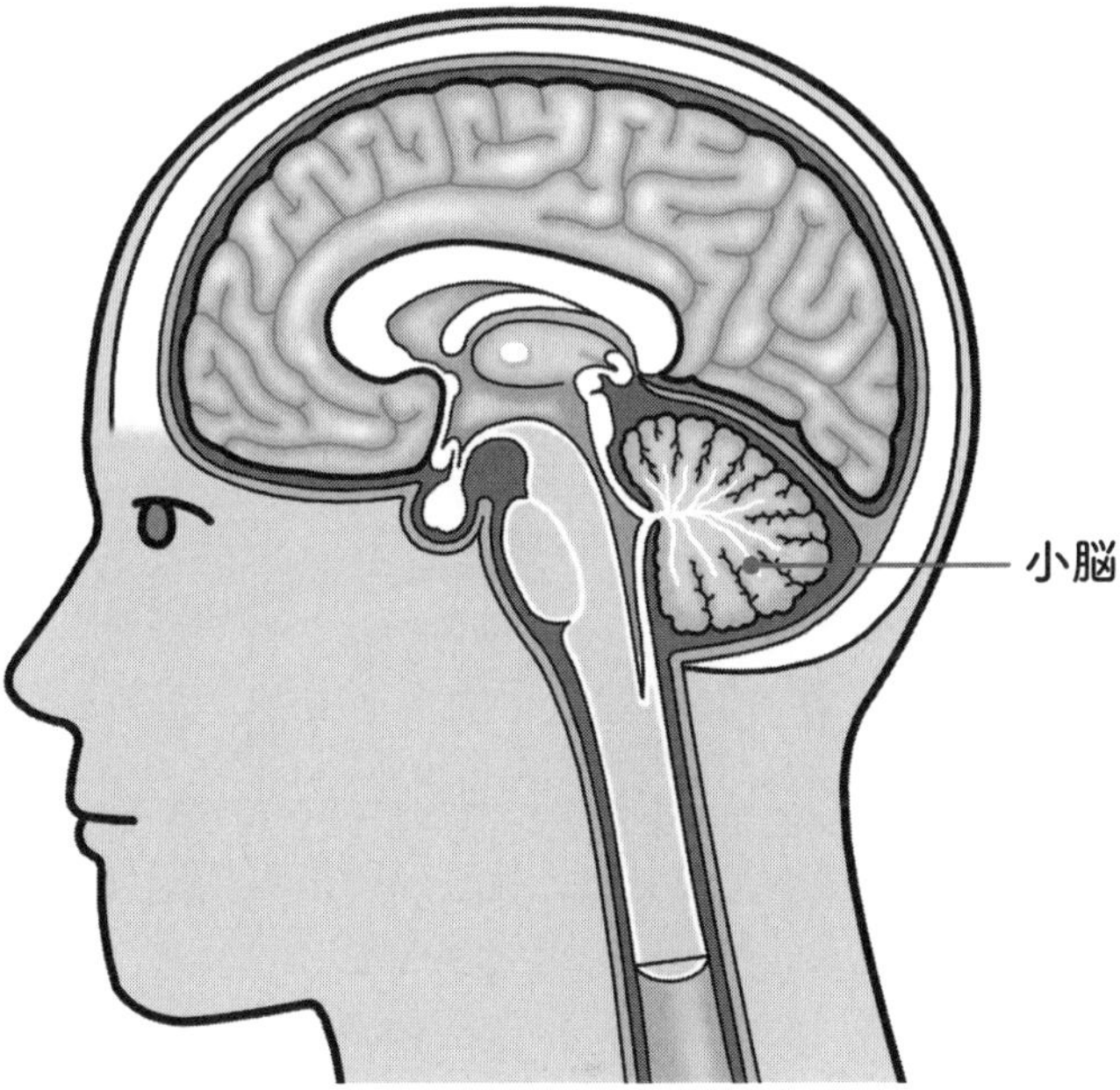

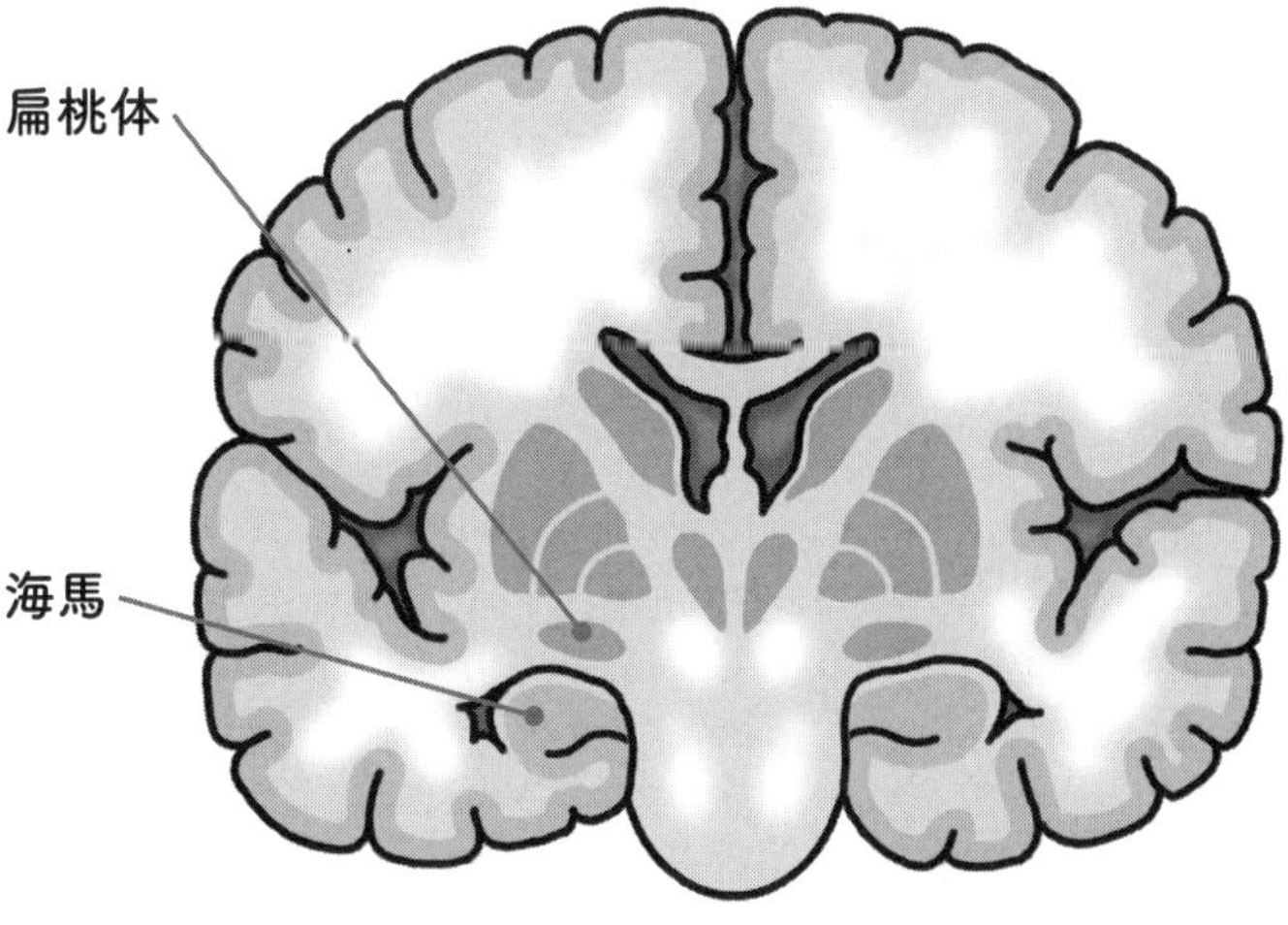

扁桃体と海馬はそれぞれ左右一対存在します。

眼球の図

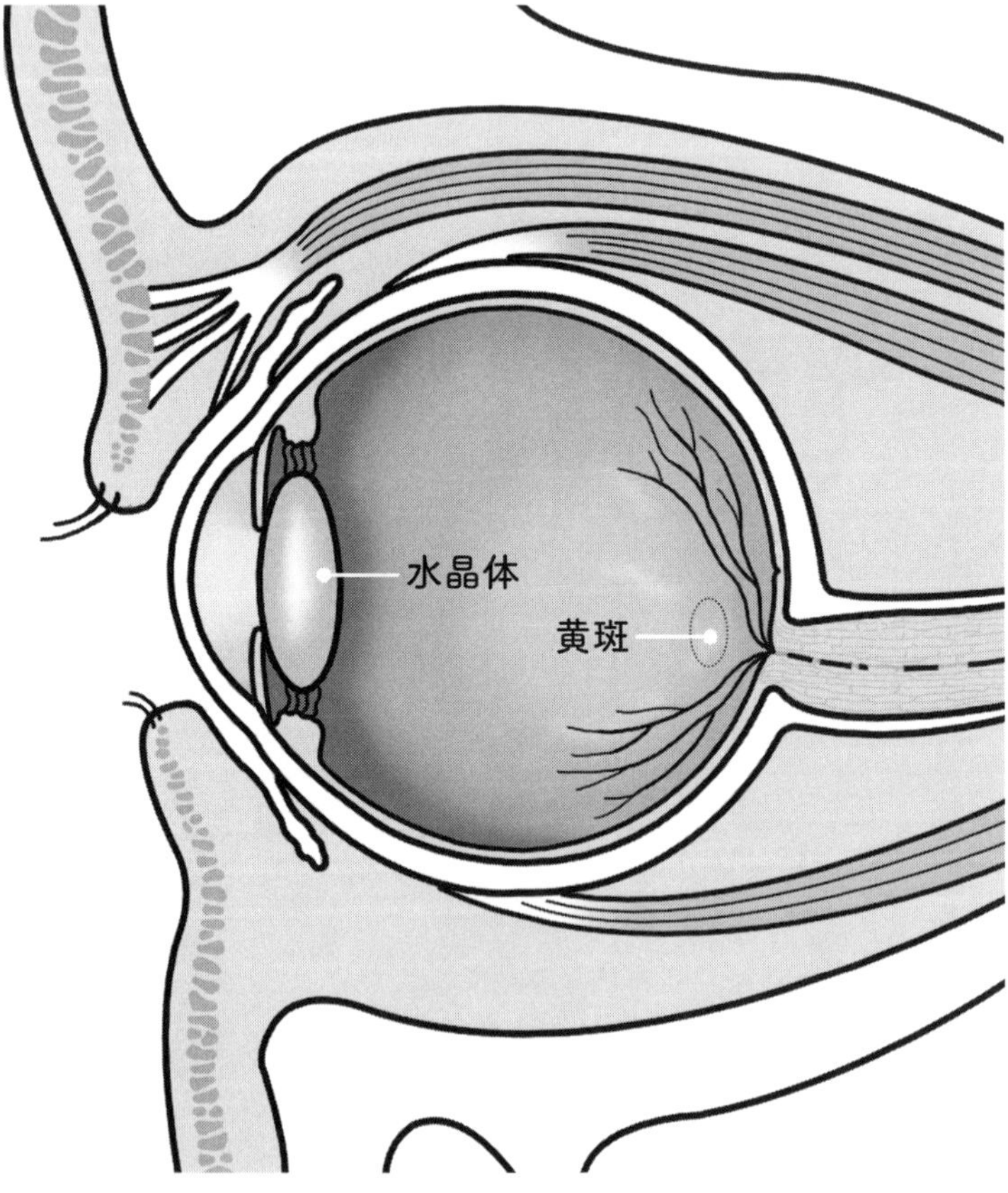

鼻腔・副鼻腔と扁桃の図

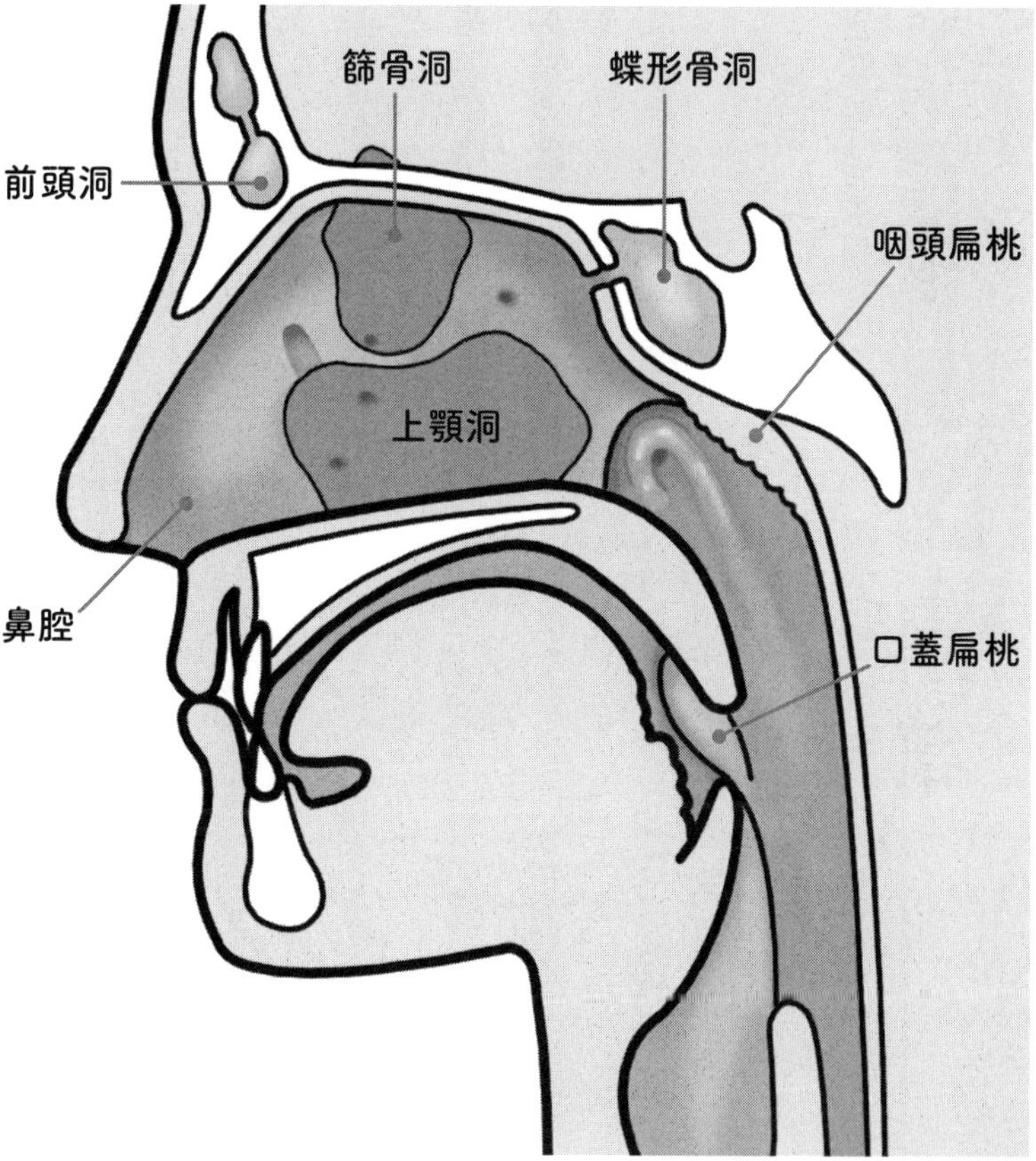

扁桃にはほかに、耳管扁桃、舌扁桃があります。

副鼻腔の図（正面から見た図）

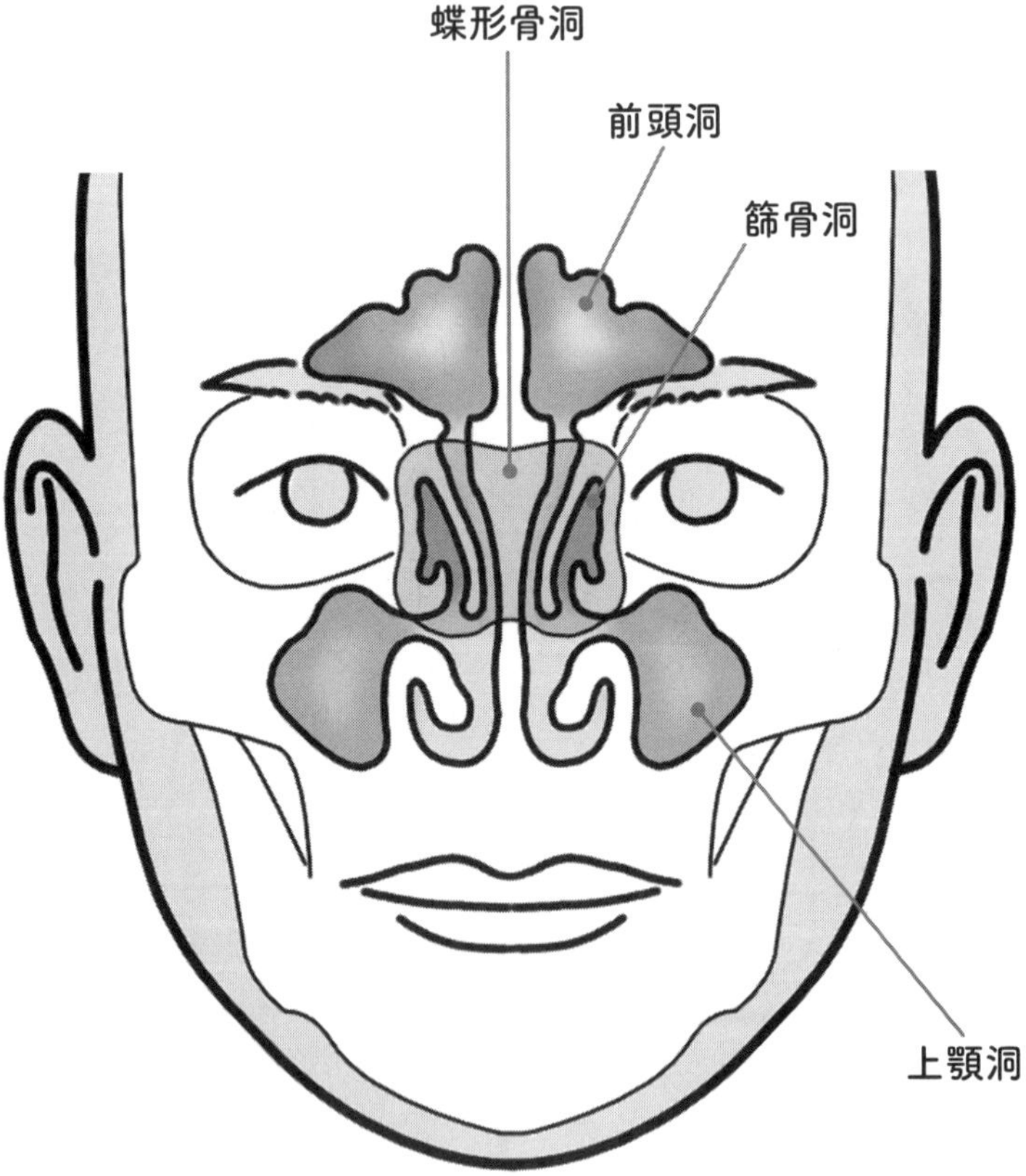

副鼻腔は顔の左右にそれぞれ4種類あります。

扁桃（口腔）の図

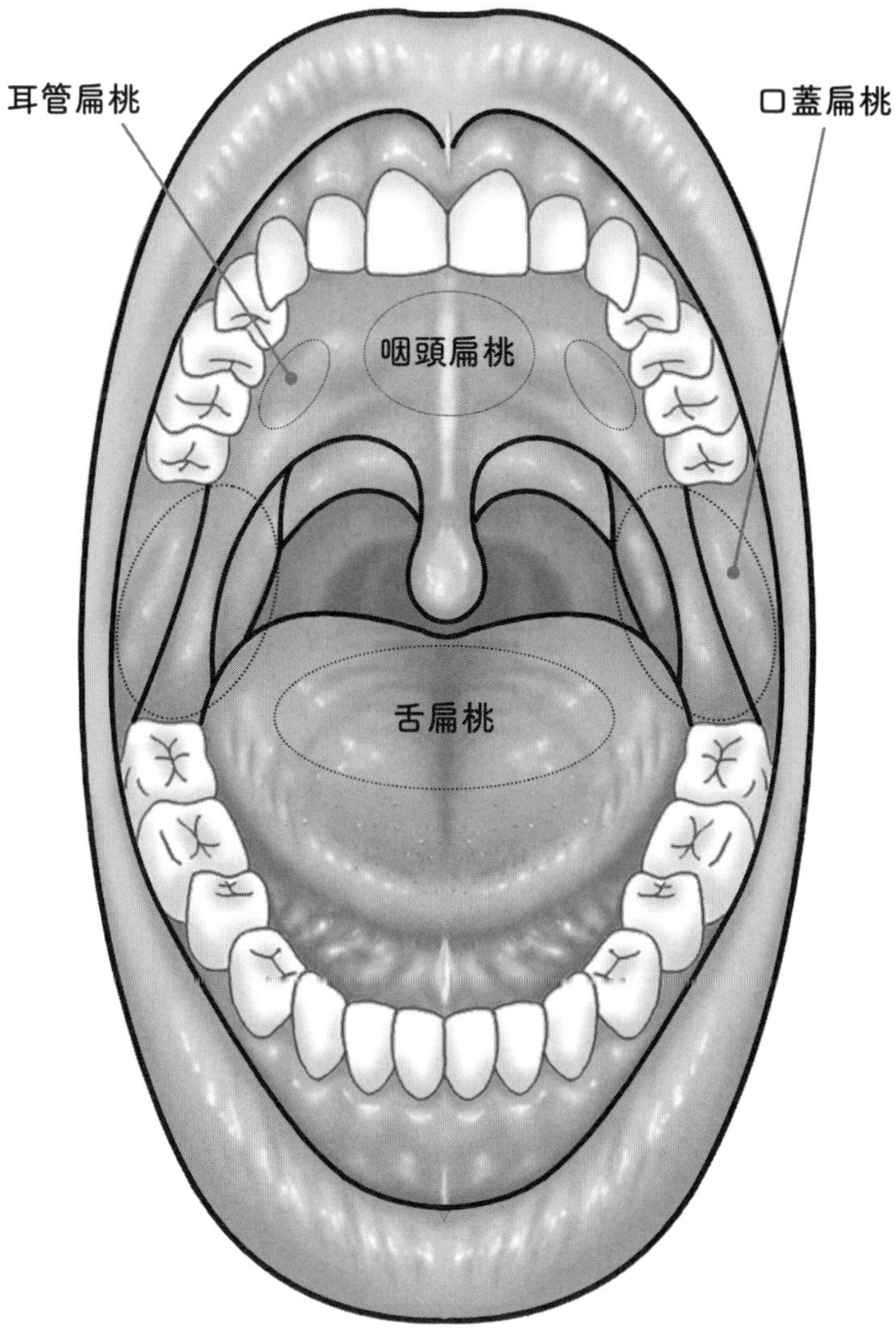

肺、気管、気管支、肺胞の図

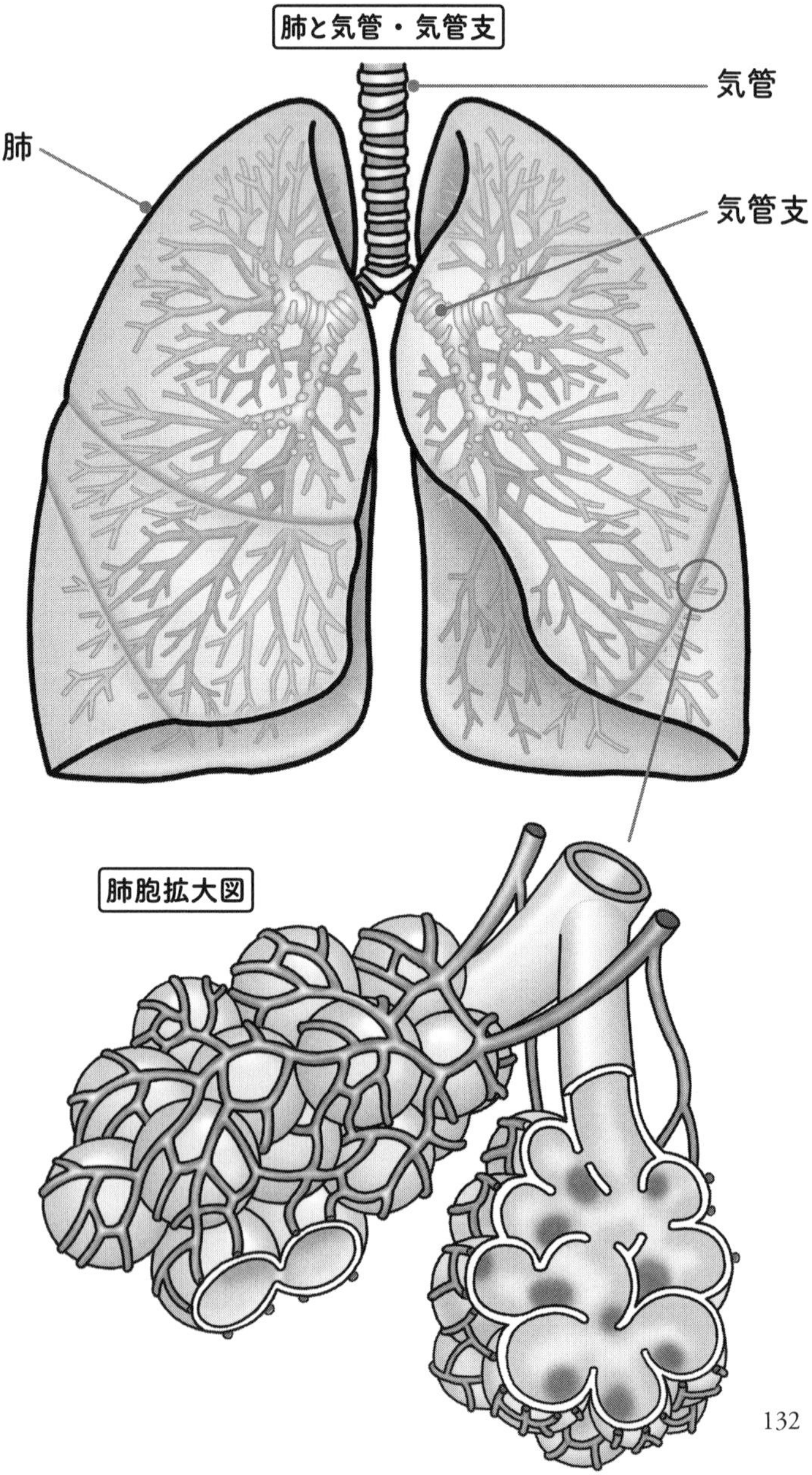

胃、十二指腸、膵臓の図

胃と十二指腸

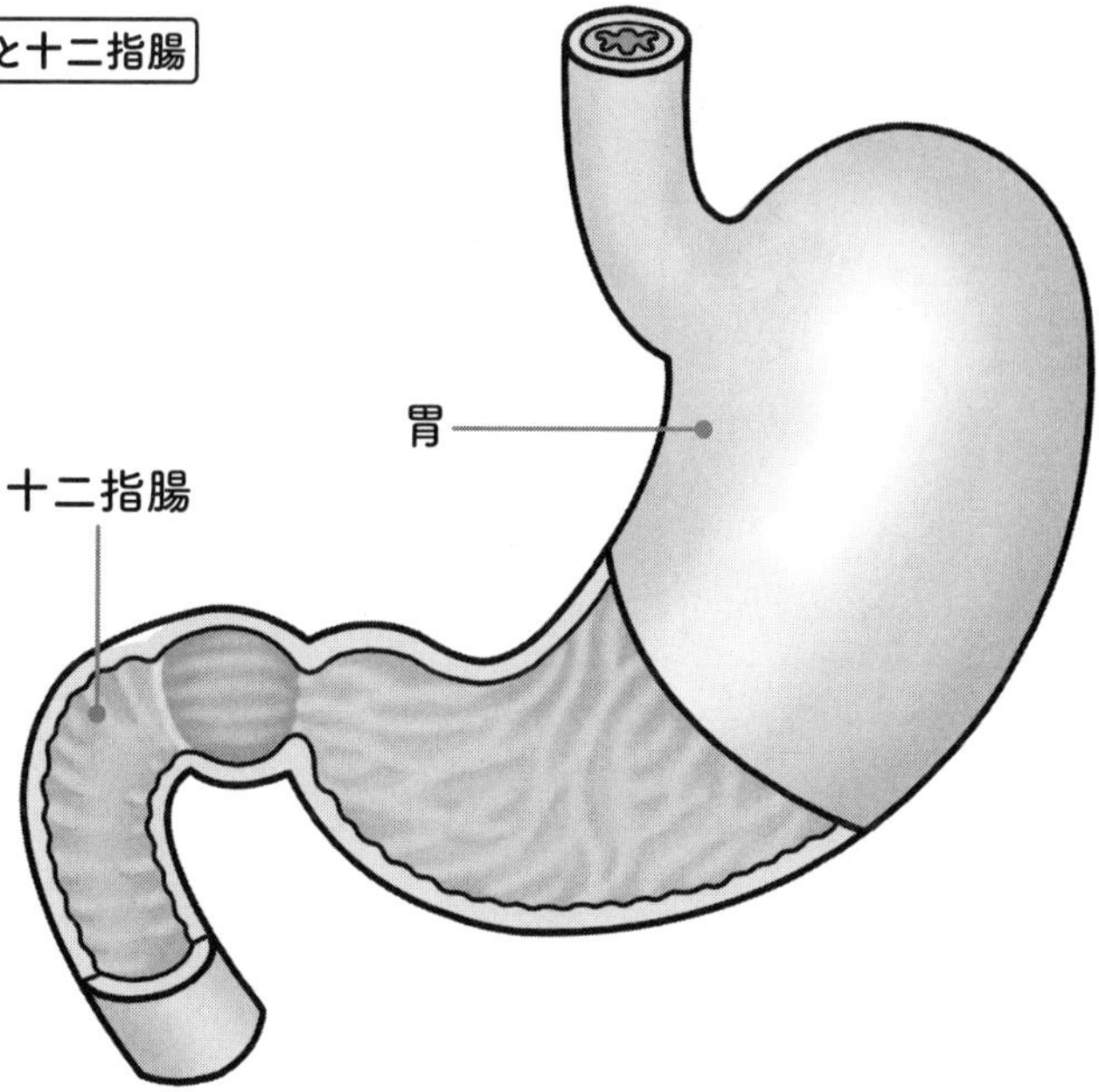

膵臓

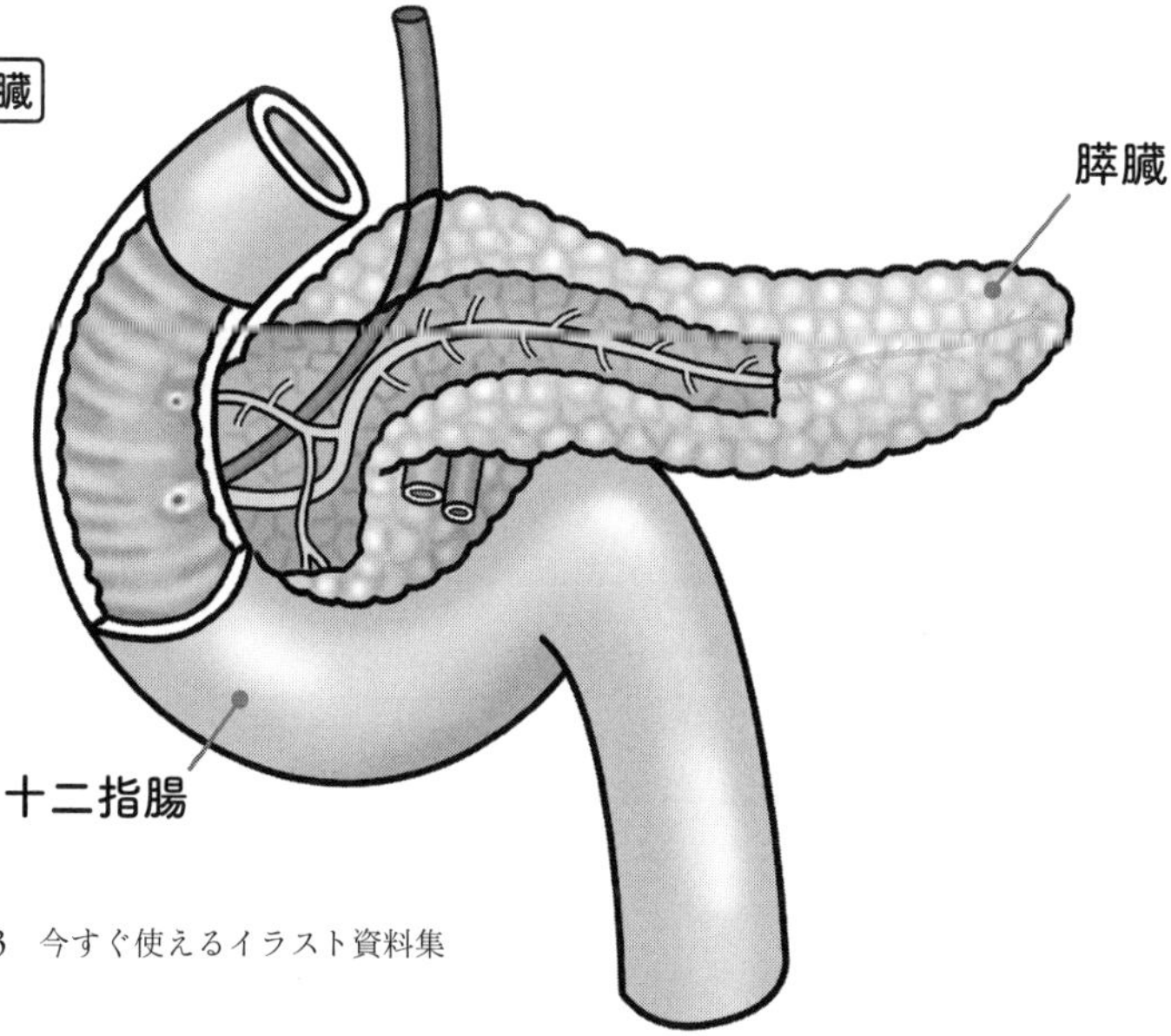

副腎と腎臓の図

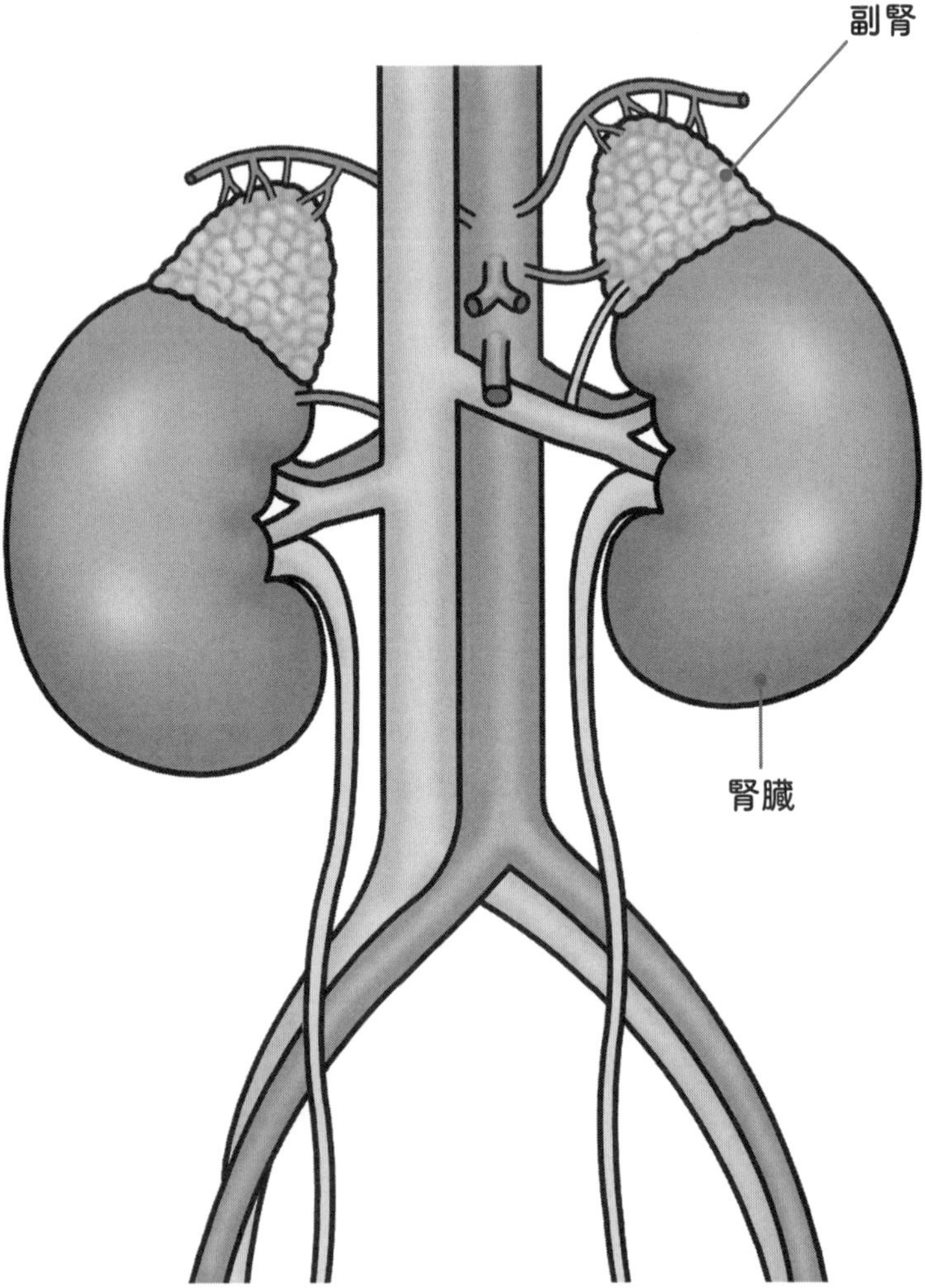

副腎と腎臓はそれぞれ左右一対ずつ存在します。

肝臓と胆のうの図

前面

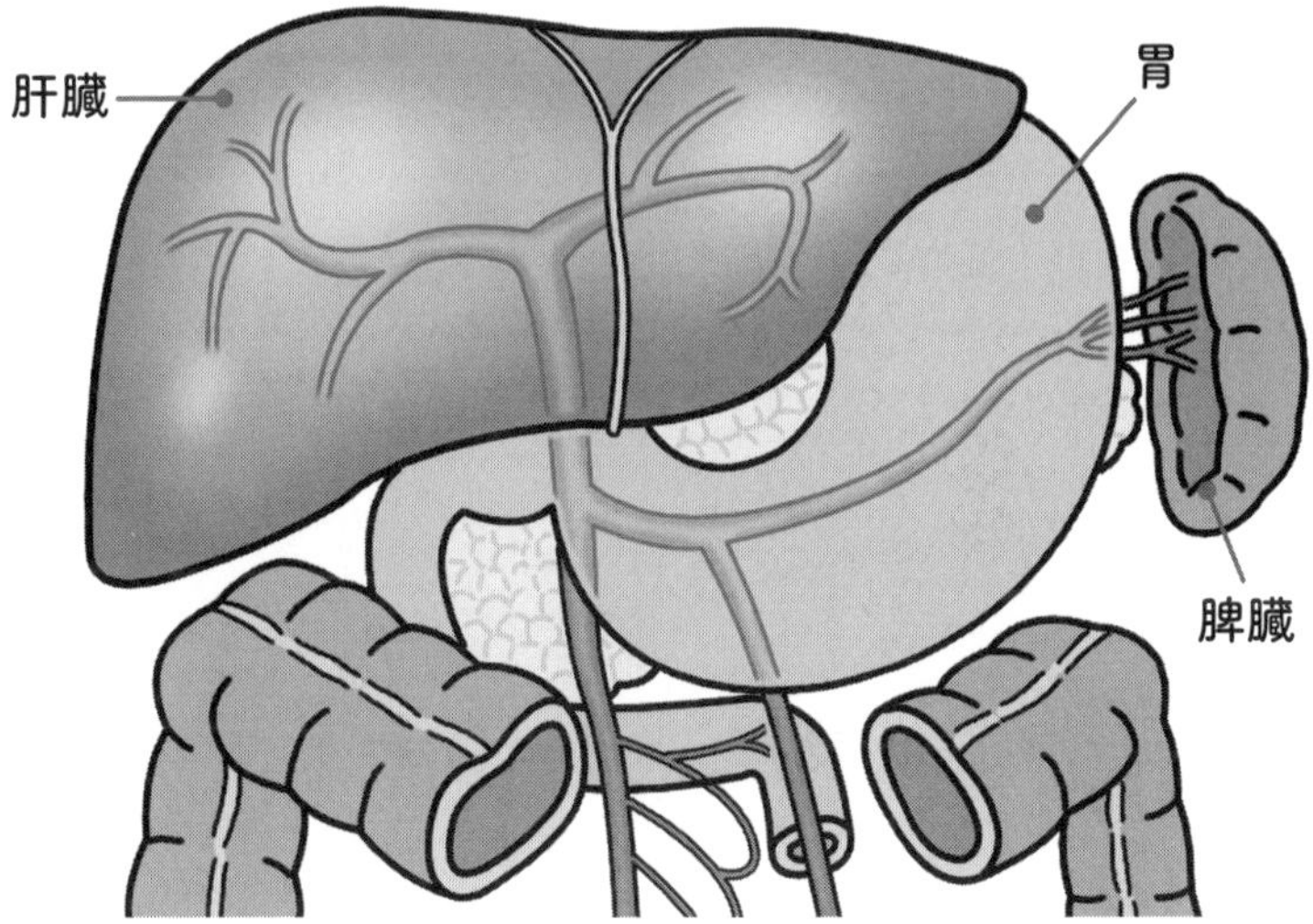

底面

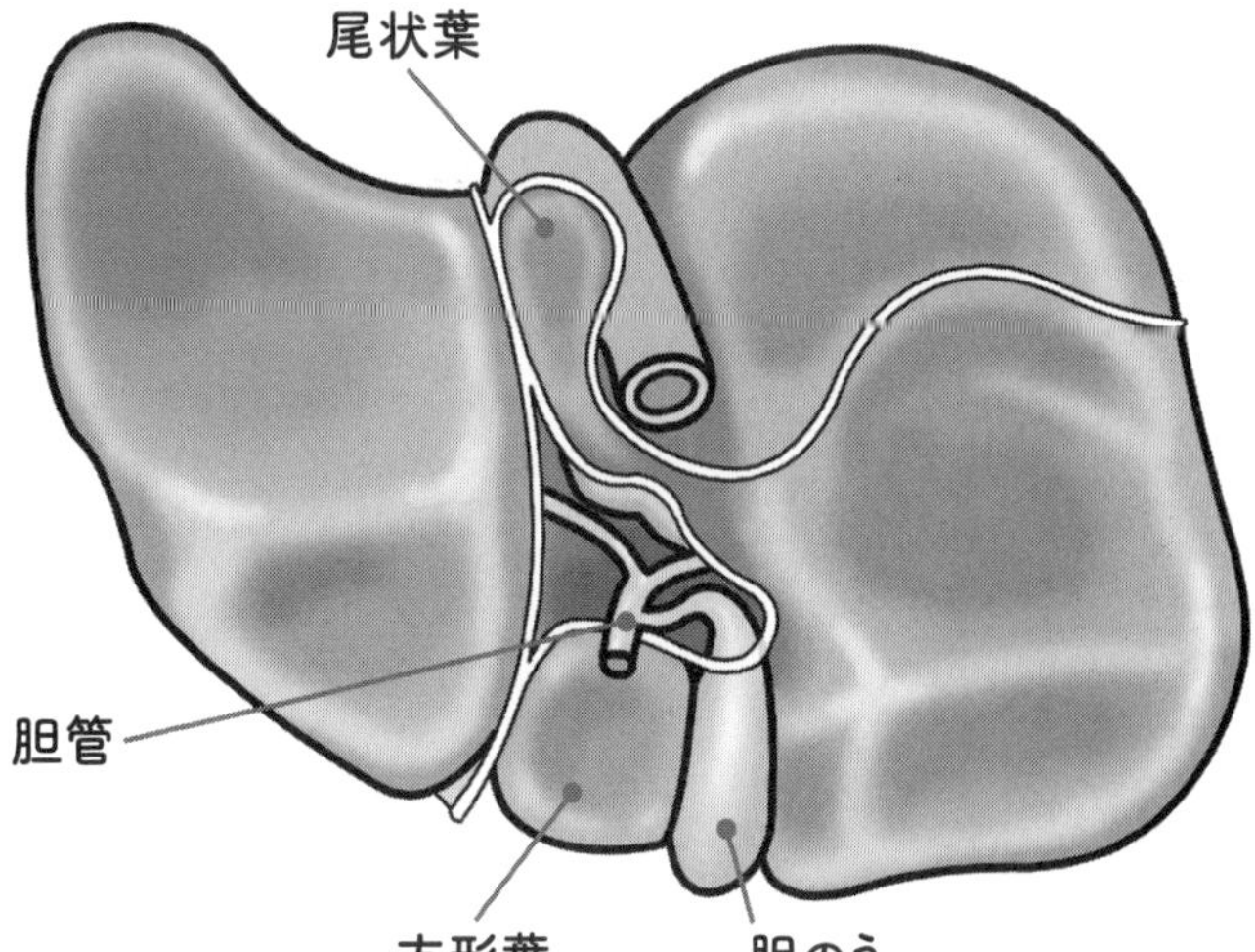

消化器系の図（盲腸、虫垂含む）

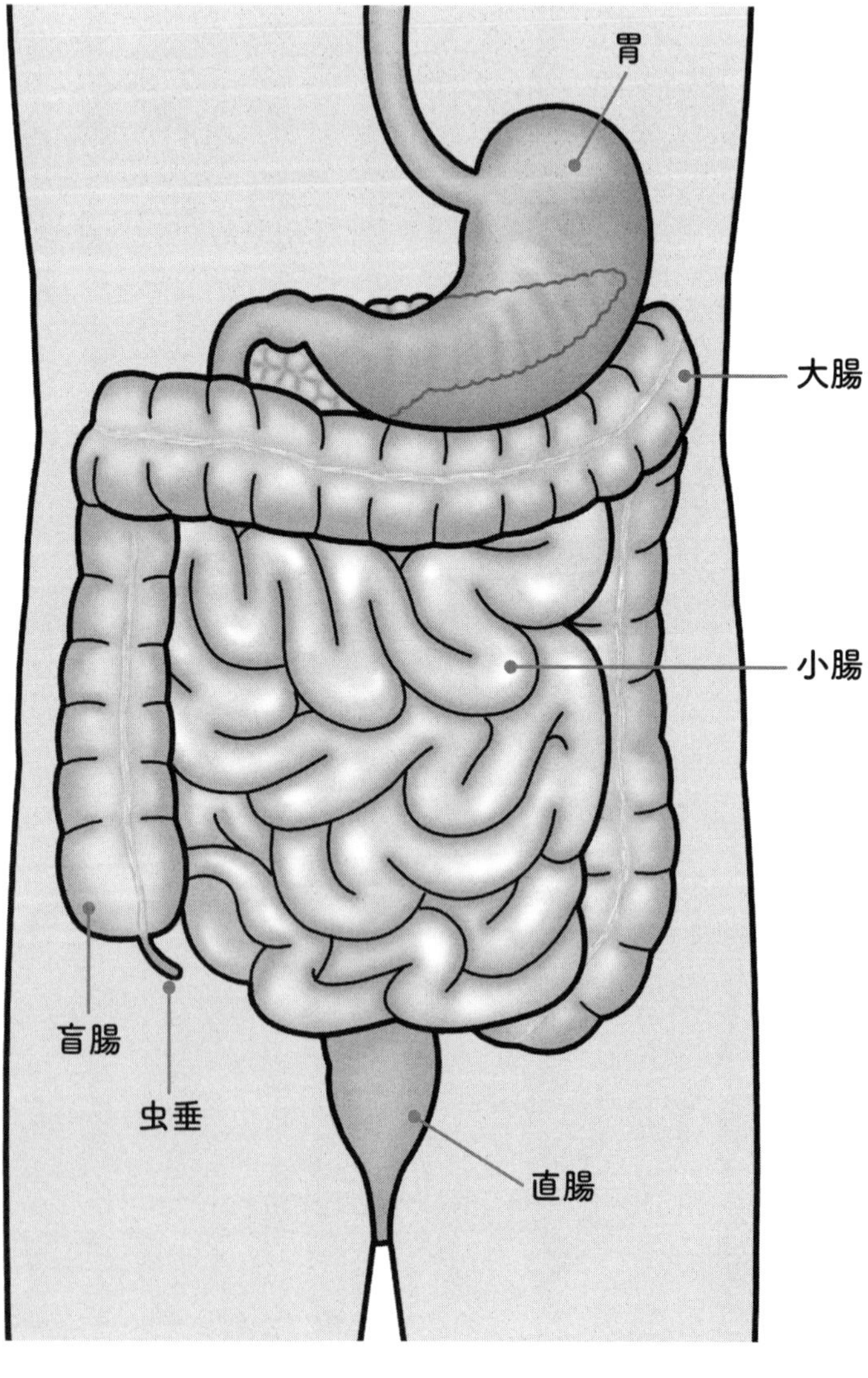

男性生殖器の図（膀胱、尿道含む）

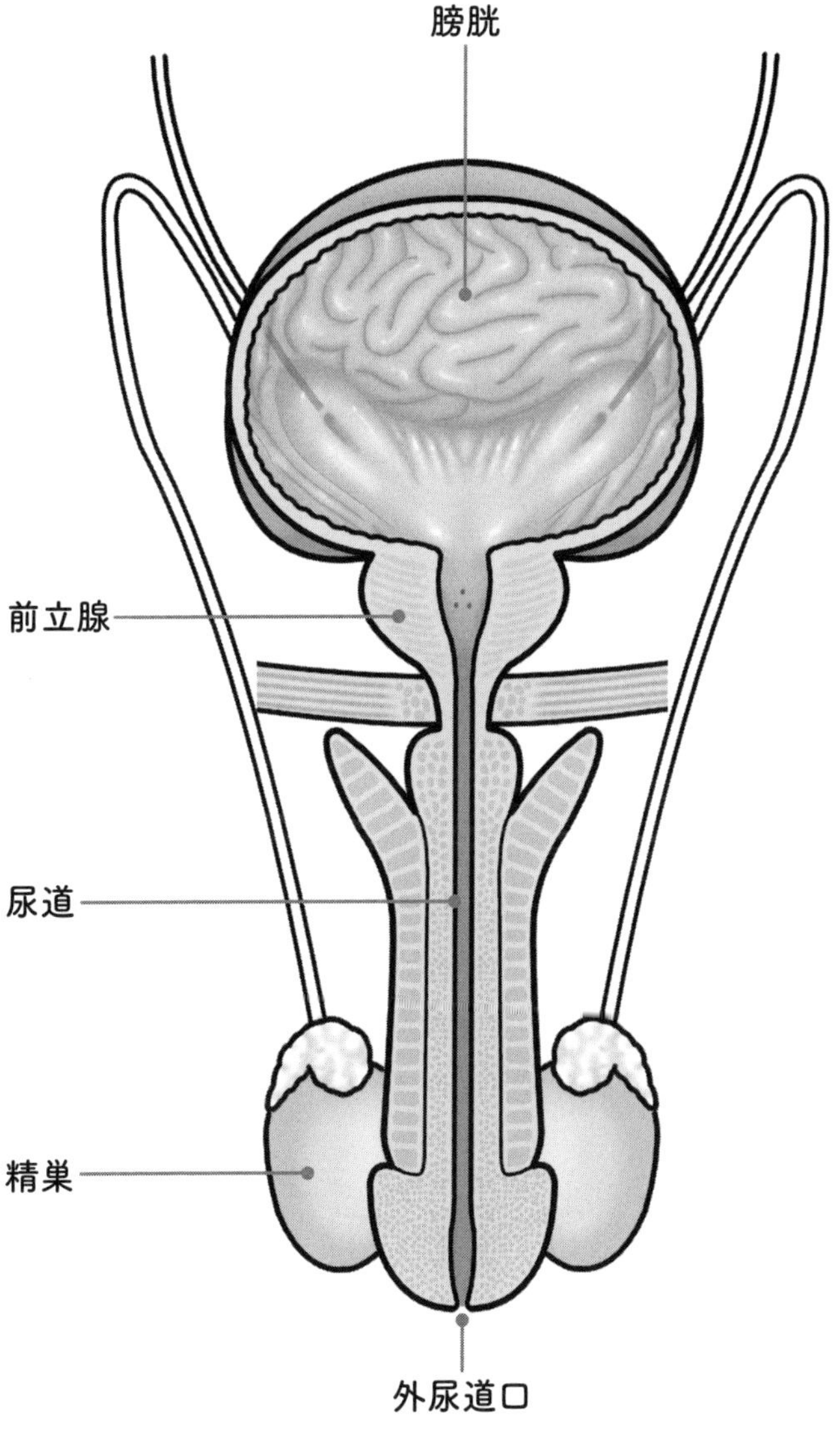

女性生殖器（卵巣、子宮、卵管采）と膀胱の図

女性生殖器

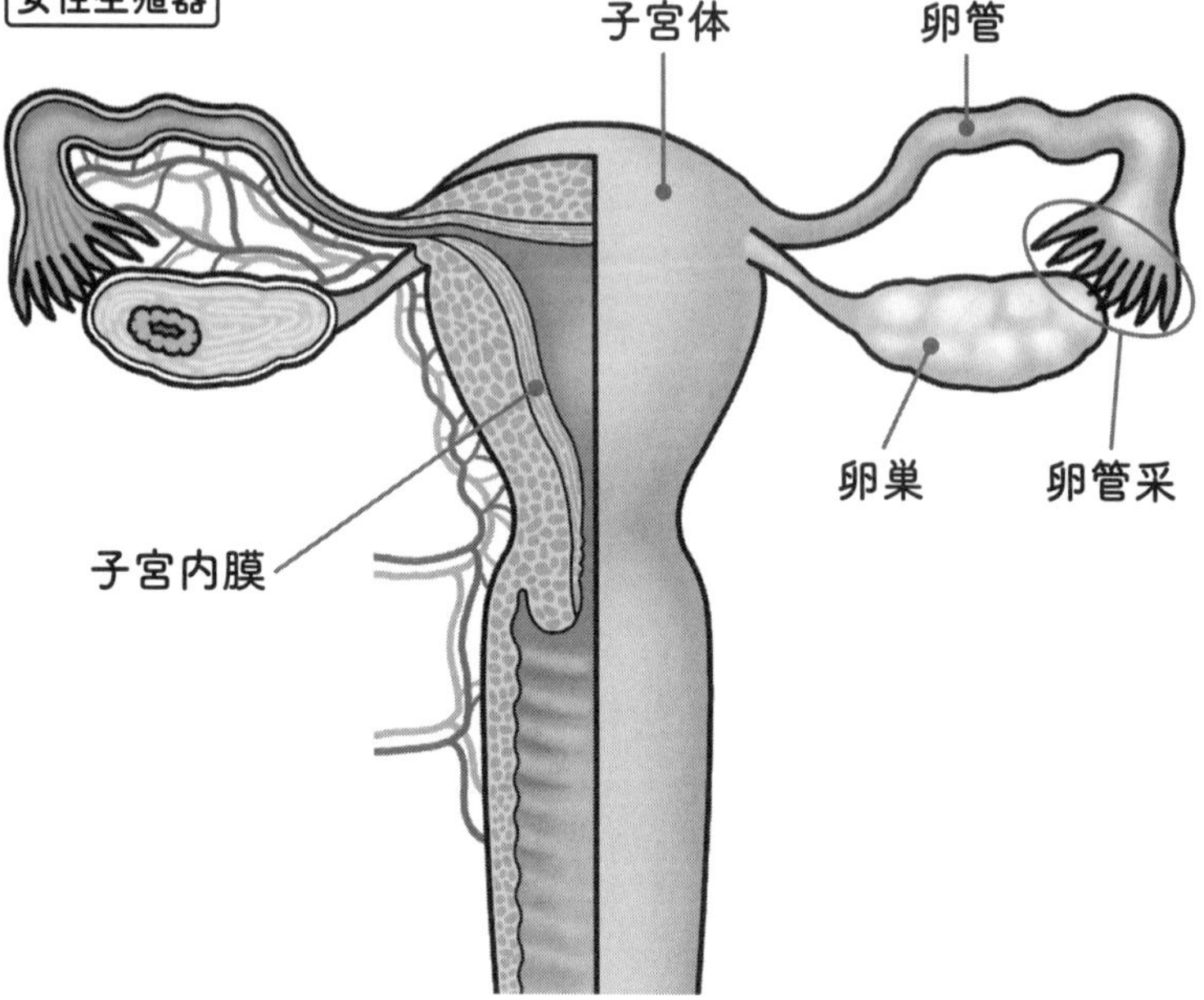

女性膀胱

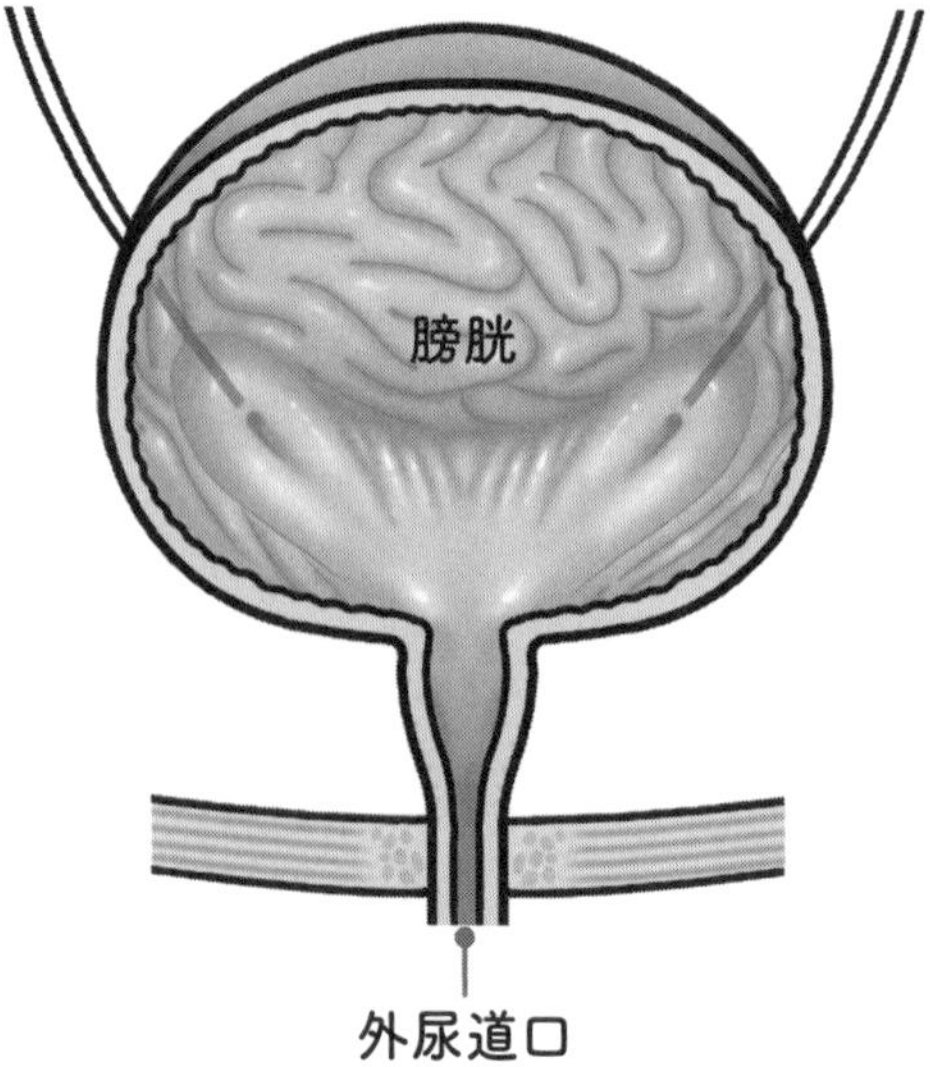

直腸と肛門の図

●点線はシールを貼る場所

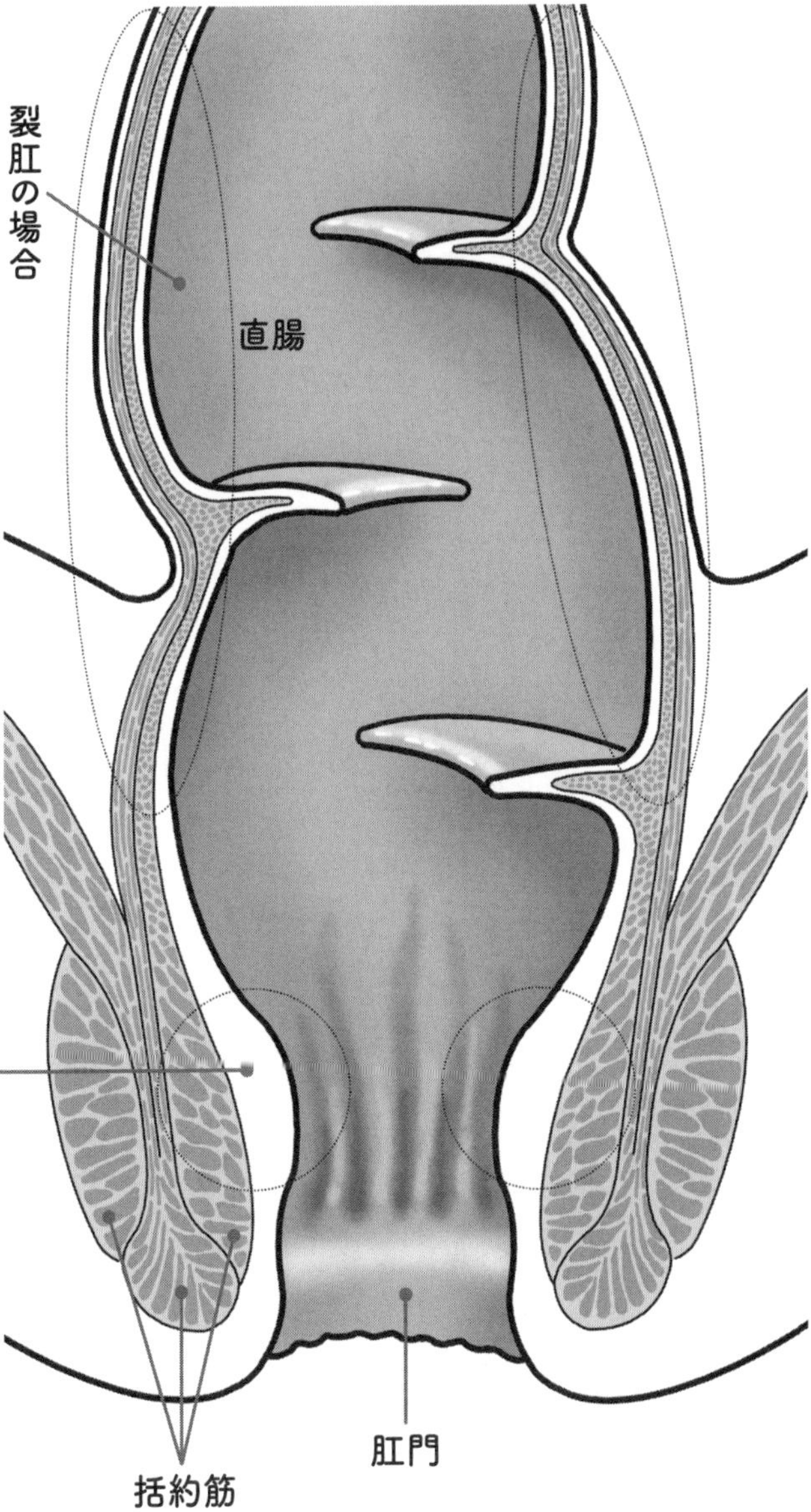

頸椎と腰椎の図（脊柱）

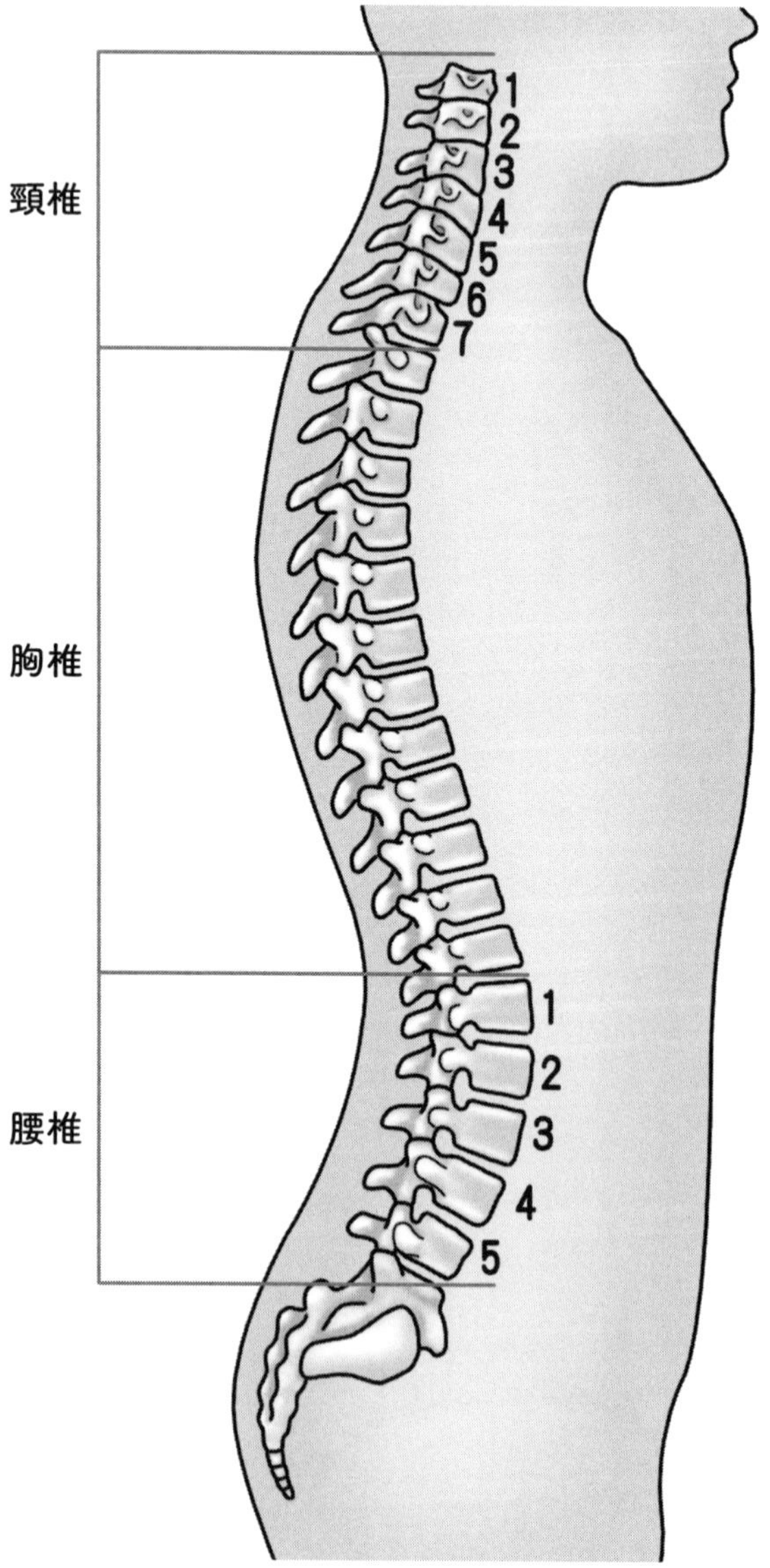

大腿骨、脛骨、腓骨の図

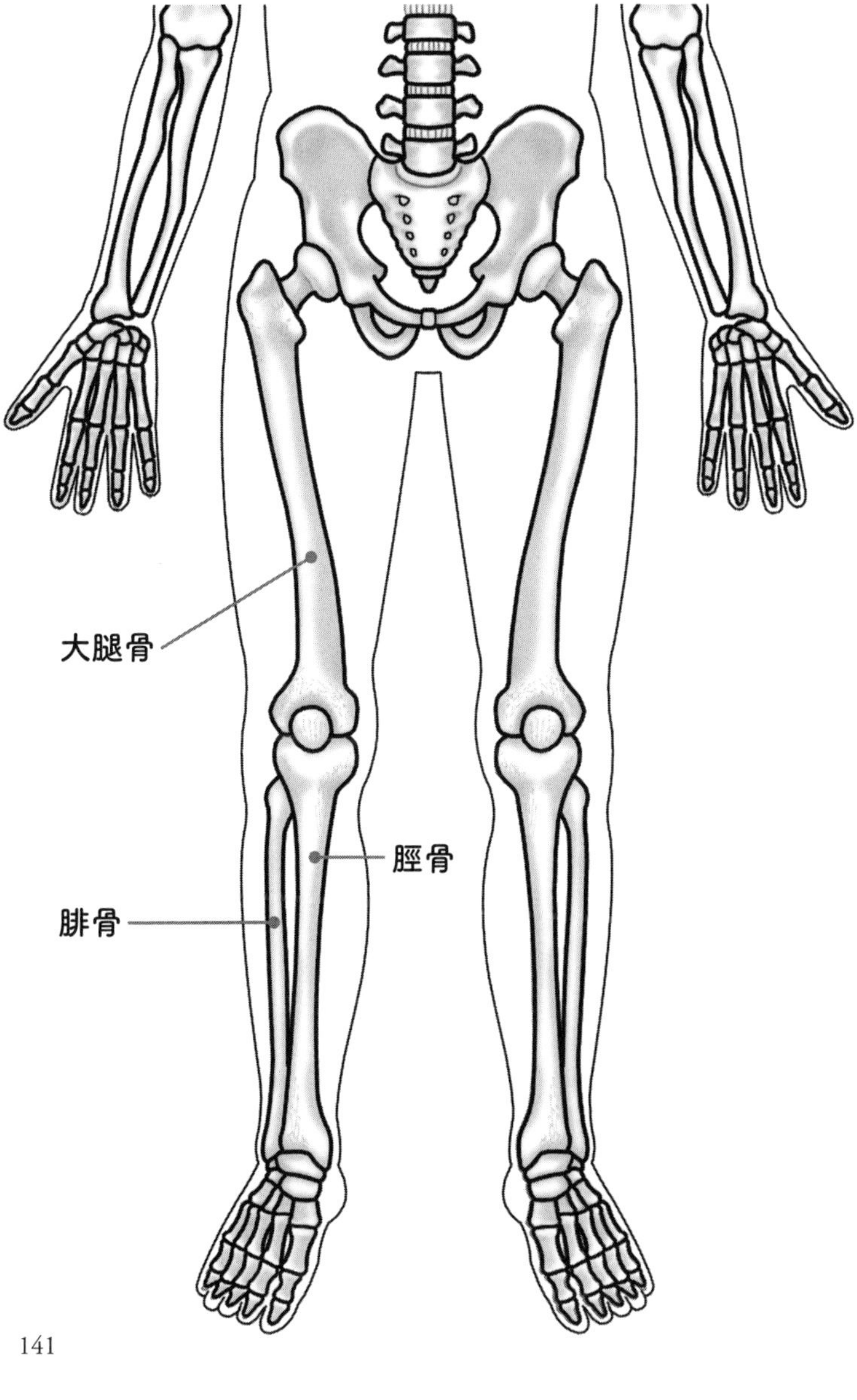

ひざ（半月板）の図

横から見た図

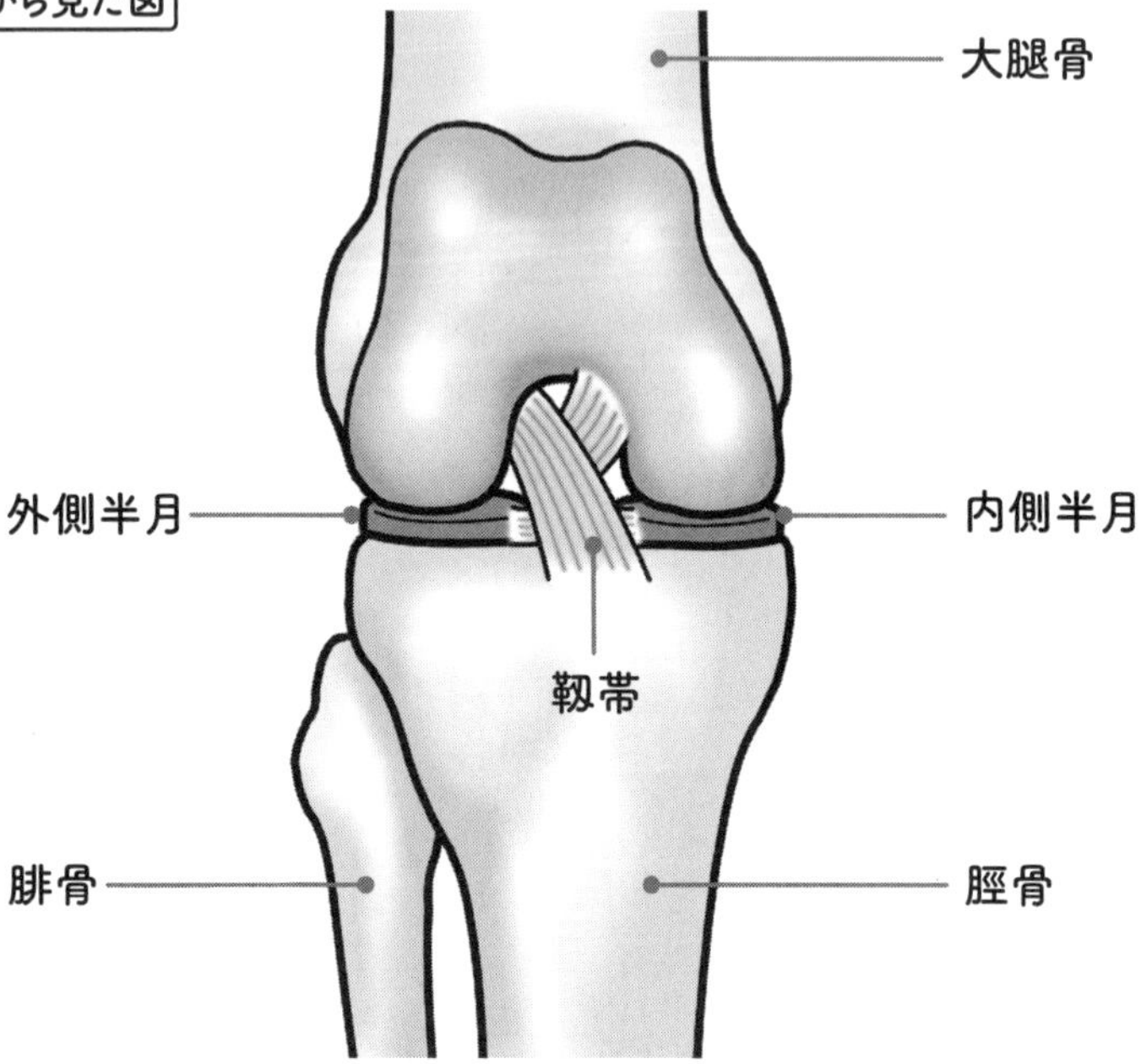

上から見た図

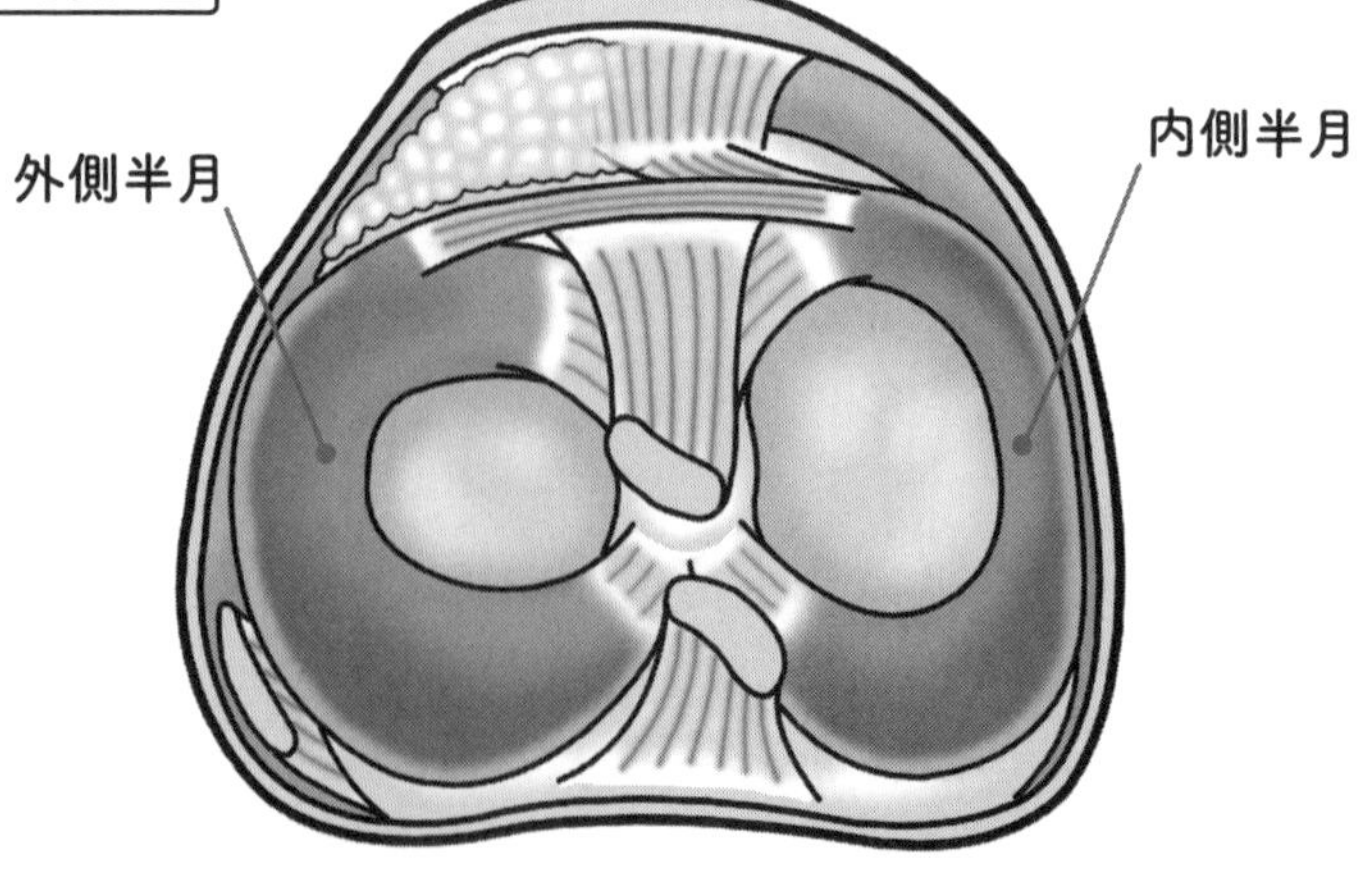

運勢向上・望みを叶える基本の図

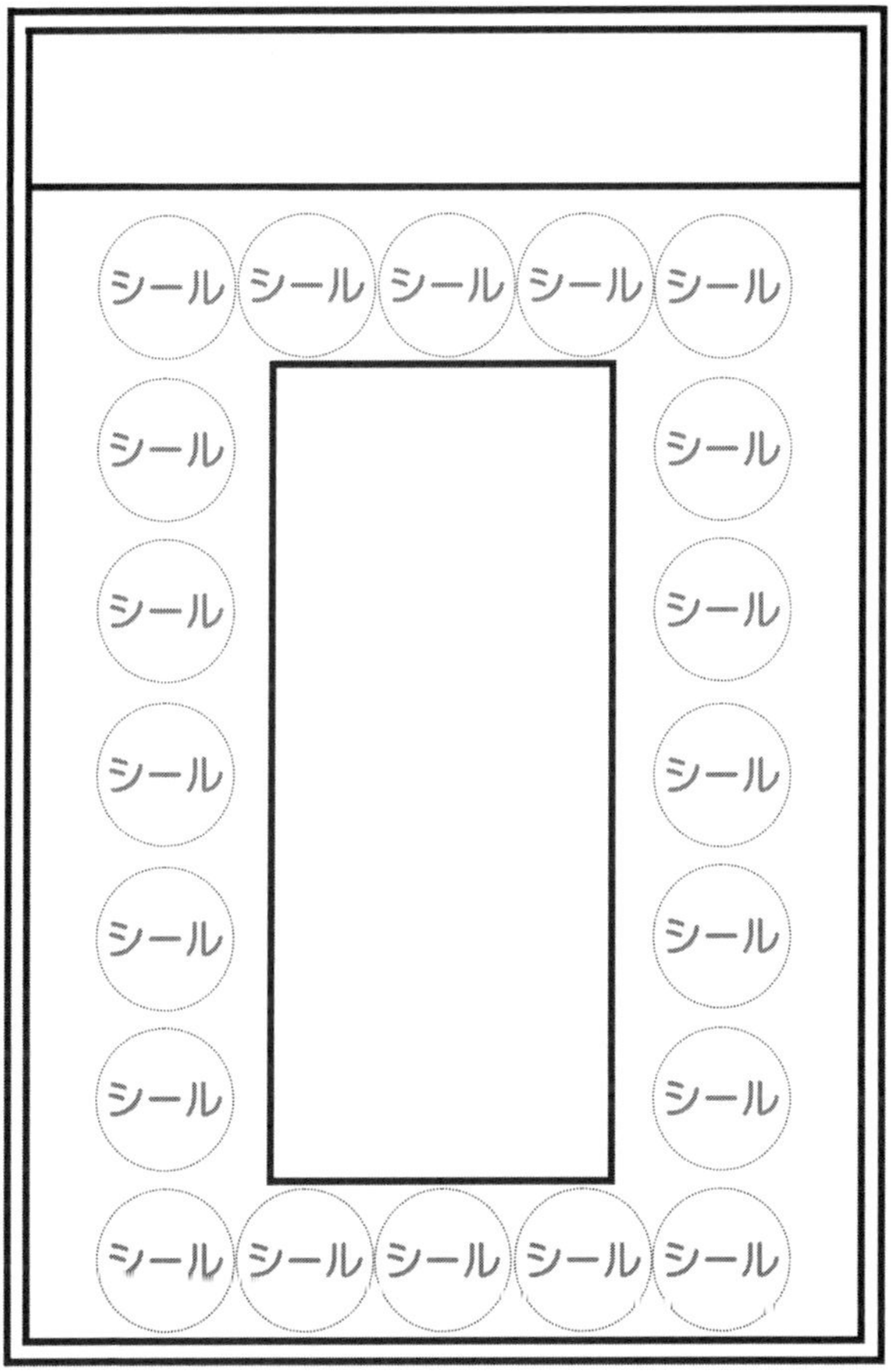

あらゆる願望に対応。長期にわたって継続して実現したい願望などで使用してください。上の横枠内に願いを、真ん中の枠内に名前を記入。名前の枠を囲むようにシールを敷き詰めて貼ってください。名字のところにも気功シールを貼ります。そして、できれば自分の親指を、名字に貼ったシールに当て、人差し指を「願望の内容」の字に当てて願いの言葉を唱えます。

〔**上の横枠への記載例**〕運勢向上／悪因縁消滅／売上増加／失恋の痛み消滅（失恋の項目参照）／トラウマ消滅（トラウマの項目参照）etc.

ロケットの図

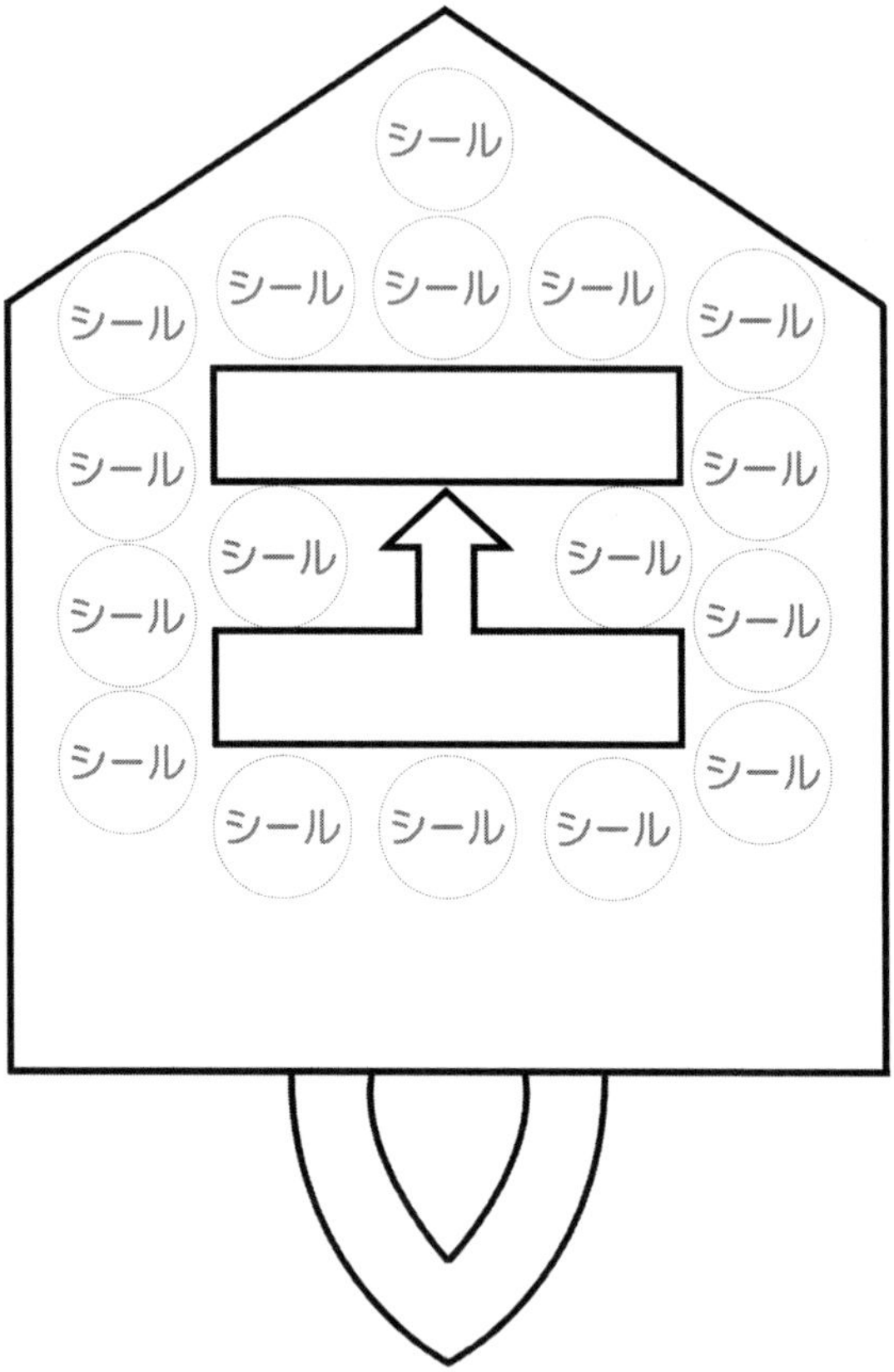

あらゆる願望に対応。短期間で達成したい目標などで使用してください。上の横枠に願望、矢印のついた枠に会社名などを記入。この２つの枠を取り囲むようにシールを敷き詰めて貼ってください。会社名や人名、ロケット先端の内側にも貼るのを忘れずに。ロケット本体下部のスペースには「大成功ロケット」などのように、願望を端的に表す言葉を含むロケット名を記入してください。

〔**記載例**〕上の枠から順番に、商売繁盛：会社名／今期売上1億円アップ：会社名／年内新店舗100店オープン：会社名／心願成就：本人名／今期ノルマを100％達成：本人名／今年中に部長に昇進：本人名etc.

事業繁栄の図

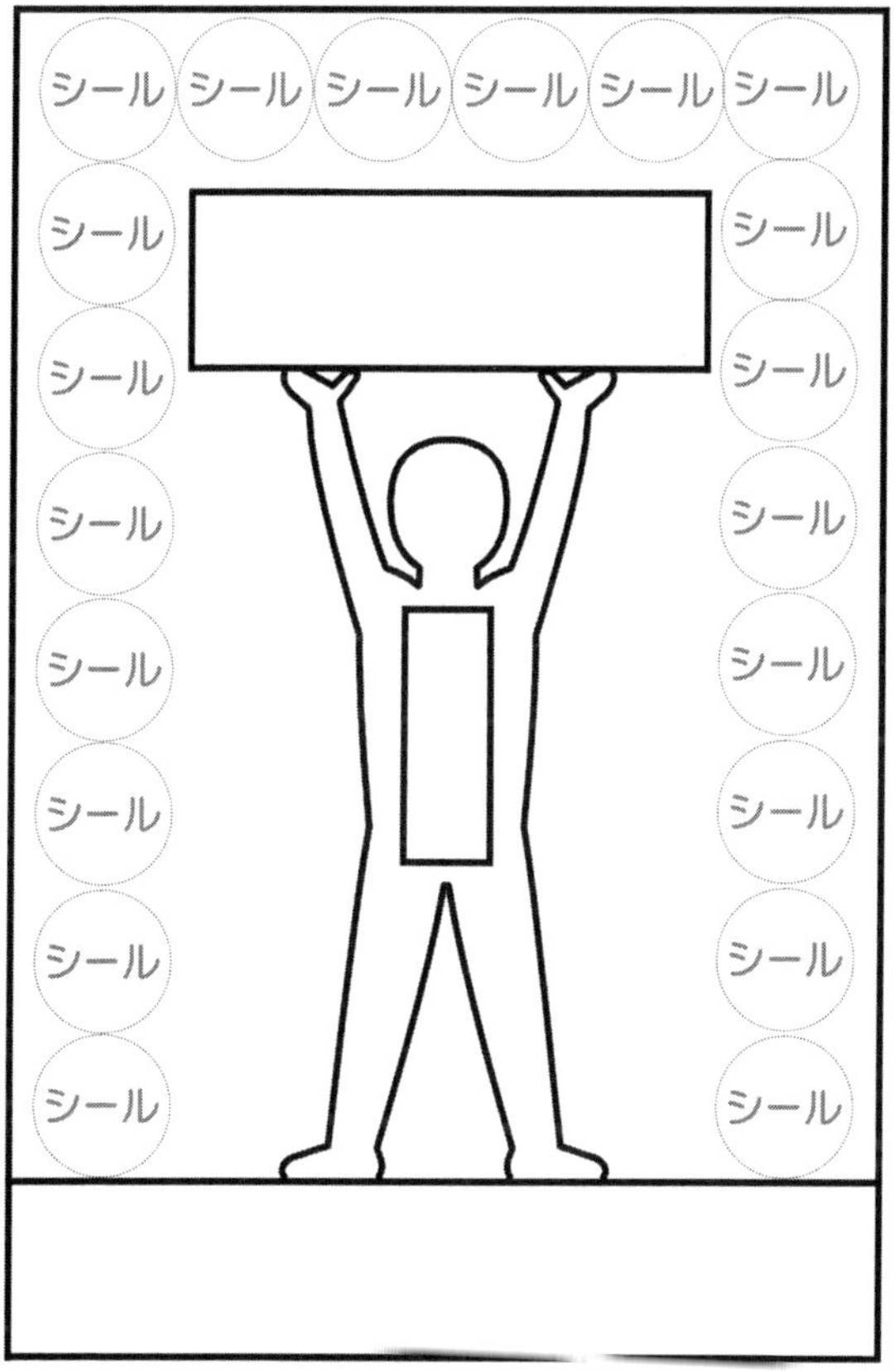

主に事業繁栄に関連した願望に対応。主に社長が事業をうまく牽引し、売上や組織の拡大を実現するために使用するものですが、社員の方が自分の会社の業績に大きく貢献する願いにも効果があります。また、なにかを持ち上げるイメージに合う願望であれば、事業繁栄でなくてもかまいません。上の横枠に会社名など、人型の中の枠に名前、下の横枠に願いを記入。横枠を持ち上げた人型を取り囲むようにシールを敷き詰めて貼ってください。会社名や人名にもシールを忘れずに。

〔**記載例**〕上の枠から順番に、会社名：社長名：事業繁栄／会社名：本人名（社員名）：事業繁栄／サークル名：本人名：メンバーの増員etc.

メビウスの輪

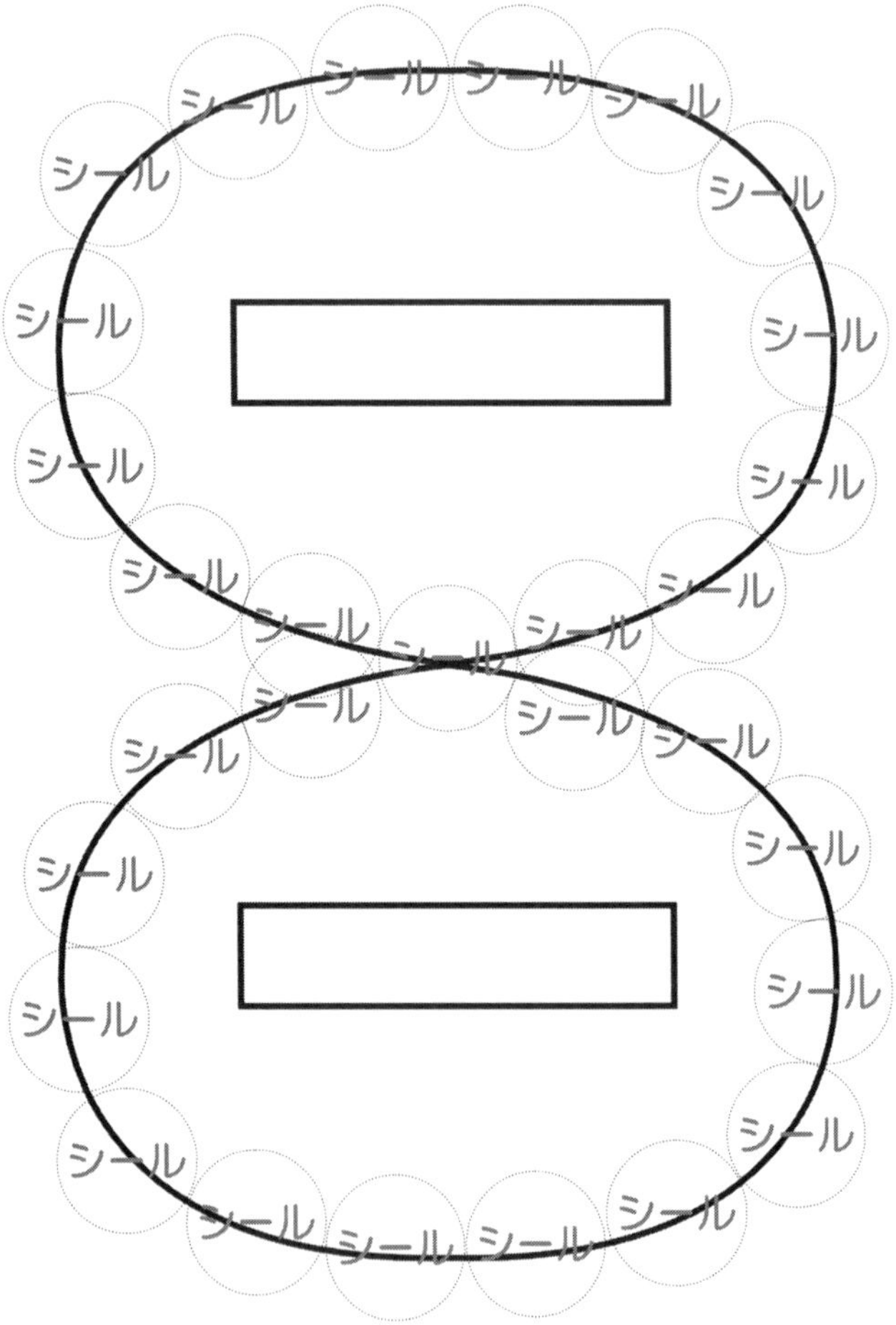

他人との関係、家族との関係などさまざまな人間関係を向上させます。横向きにして使ってください。一方に自分の名前、他方に相手の名前を記入。働いている会社との関係を向上させたい場合には会社名を記入してください。シールはメビウスの輪に沿って貼ってください。人名の名字にもシールを忘れずに。

キス模式図

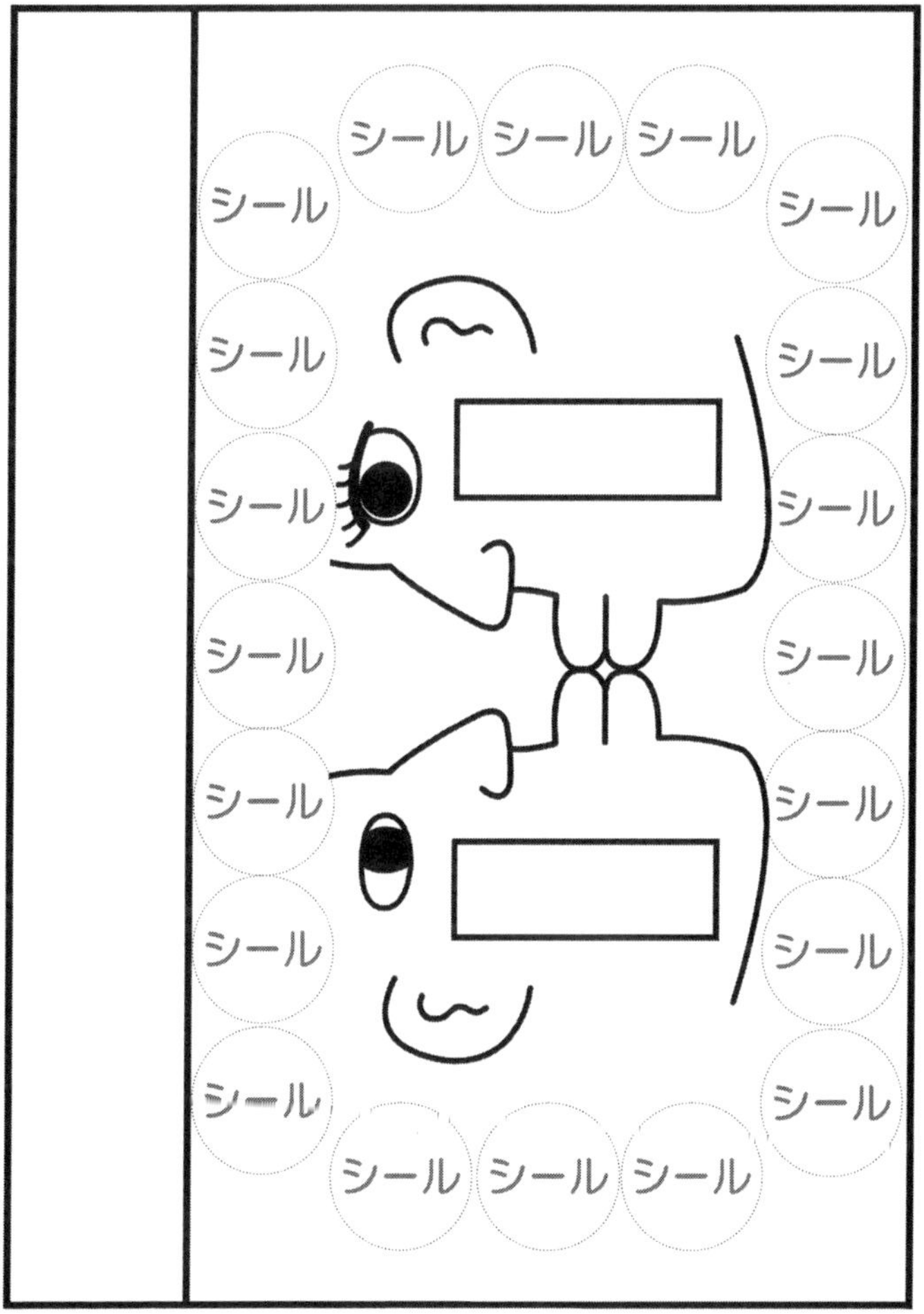

恋愛成就や恋愛の悩み解決に効果があります。横向きにして使ってください。男性は男性の絵の枠に、女性は女性の絵の枠に自分の名前を記入、もう一方には相手の名前を記入。上の大きな横枠には「大恋愛成就」と記入しましょう。シールは、2つの顔を取り巻くように貼ってください。人名の名字にもシールを忘れずに。

おわりに

＝悩める患者だった私が気功師になり、
この画期的なセルフヒーリング法を考案するまで＝

●頑固な蓄膿症になり、あらゆる療法を試した

私は子供のころ、カゼをひきやすく病弱でした。心配した親が、当時、〝アンプル〟と呼ばれていた滋養強壮内服液を、よく飲ませてくれました。今思えば、この内服液には砂糖がたっぷり含まれていました。

そのうえ、私はサイダーやアイスクリームも好きで、よく食べていました。結局、砂糖が原因で、よけいにカゼをひきやすい子になっていたのでしょう。

カゼをひくたびに、のどがやられるようになり、やがて〝アデノイド〟といわれるようになりました。鼻の奥の免疫組織である咽頭扁桃（アデノイド）が、慢性的に腫れて肥大するものです。

中学生、高校生になると、今度は頑固な蓄膿症（慢性副鼻腔炎）になってしまいました。

あちこちの耳鼻科に通っても、さまざまな健康法を試してもよくならないまま、成人後も蓄膿症が続きました。

社会人になると、仕事のストレスもあってますます悪化し、毎日、大量の膿が出ました。もはや鼻の中が腐っているような状態だったのです。最終的には手術をしないと治らないと言われましたが、怖いので、何としても手術は受けたくありませんでした。

●高名な治療家を訪ねまわり、サイババにも会う

それからは、さまざまな治療家を訪ねていって、施術を受けました。

当時の私は、「気功」というものを知ってはいましたが、どこか怪しく感じて、あまり好きではありませんでした。しかし、もはやそんなことは言っていられません。気功や、それに準じるエネルギー療法も含めて、高名な治療家の先生を訪ねまわりました。当時、ヒーラーとして有名だったセラピー療術院院長の忍田光先生、「超念力」で知られた石井普雄先生にもお会いし、施術をしていただきました。

そうするうちに、何をしてもよくならなかった蓄膿症が、少しずつよくなってきたのです。

その後、忍田先生には、私が肝硬変になったときも治療していただきました。私は、気功やエネルギー療法のすばらしさに目覚め、その世界をもっと知りたくなりました。そこで、インドに行って、世界的に有名なスピリチュアルリーダーであったサイババ（サティヤ・サイ・ババ）に会いました。

サイババが、私の頭にポンと手を置くと、私の頭にものすごい光のエネルギーが入りました。太陽みたいな光が頭に入ったので、しばらくは夜も真昼間というような状態で大変でした。

●神様をお参りするうち、自分自身がヒーラーに

ヒーラーを訪ね歩くようになったころ、ちょっとしたきっかけがあって、私はいろいろな神様にもお参りするようになりました。奈良県の天河神社では役小角《えんのおづぬ》（役行者）と弁財天様と仲よくなりました。同じく奈良県の龍泉寺では、八大龍王様と合体しました。さらに、伊勢神宮下宮を参拝後、天照大神様と合体しました。

高名なヒーラーの方々や神様との出会いを重ねるうちに、気がつくと、自分自身がヒーラーになっていました。それからは、クライアントさんの体に触れることなく、手をかざして気を調整したり、離れたところから遠隔操作で気を届けたりという方法でヒーリングを行っています。

そんなことを続けるうちに、私がいなくても、クライアントさん自身がもともと持っている力で、ご自分の状態を改善する方法があるのではないかと模索するようになりました。それを考えながら、あるとき、京都の晴明神社でお参りをしました。祈禱や占術を行う陰陽師として有名な安倍晴明を祀っている神社です。

そこに行ったあとに、ふと閃いたのが、気功シールなるものを作って活用すれば、気功師でなくても気の力で心身が改善できるのではないかというアイデアでした。

安倍晴明さんも、人型の紙に呪文を唱えて術を使っておられたこともあり、シールに託す療法が閃いたというわけです。

こうして生まれたのが、気功シールと、それを用いたナポレオン気功です。本編で書きましたが、気功の練習を積んでいない人でも、手軽に行える便利な気功法です。

その力をよりよく発揮させるために、「自分の願いを右脳に入れる」というコツについて、本編で何度か触れてきました。ここでは、もう一歩突っこんだお話をつけ加えておきたいと思います。

●宇宙法則と一体化すれば願望が叶いやすくなる

この宇宙には宇宙を作った「意志」があり、そこから外れていることは、たいてい叶いません。これは、次ページの大小の円で描いた略図でいうと1に当たります。宇宙意志から完全に離れている状態です。

宇宙法則を理解しようとし始めると、宇宙法則と人間の脳みそに接点ができます。これが2の状態です。接点ができた方は、ちょっと願望が叶いやすくなります。

さらに宇宙法則の中に入ったのが3の状態で、こうなると、宇宙の力をかなりコントロールできるようになります。そして、宇宙法則のど真ん中にはいったのが4の状態で、もはや自分の意志と宇宙の意思が同じになり、時の人となります。

この図を頭に入れてイメージするだけでも、宇宙意志に近づいて願望が叶いやすくなる

自己実現のレベル

宇宙法則の体得方法

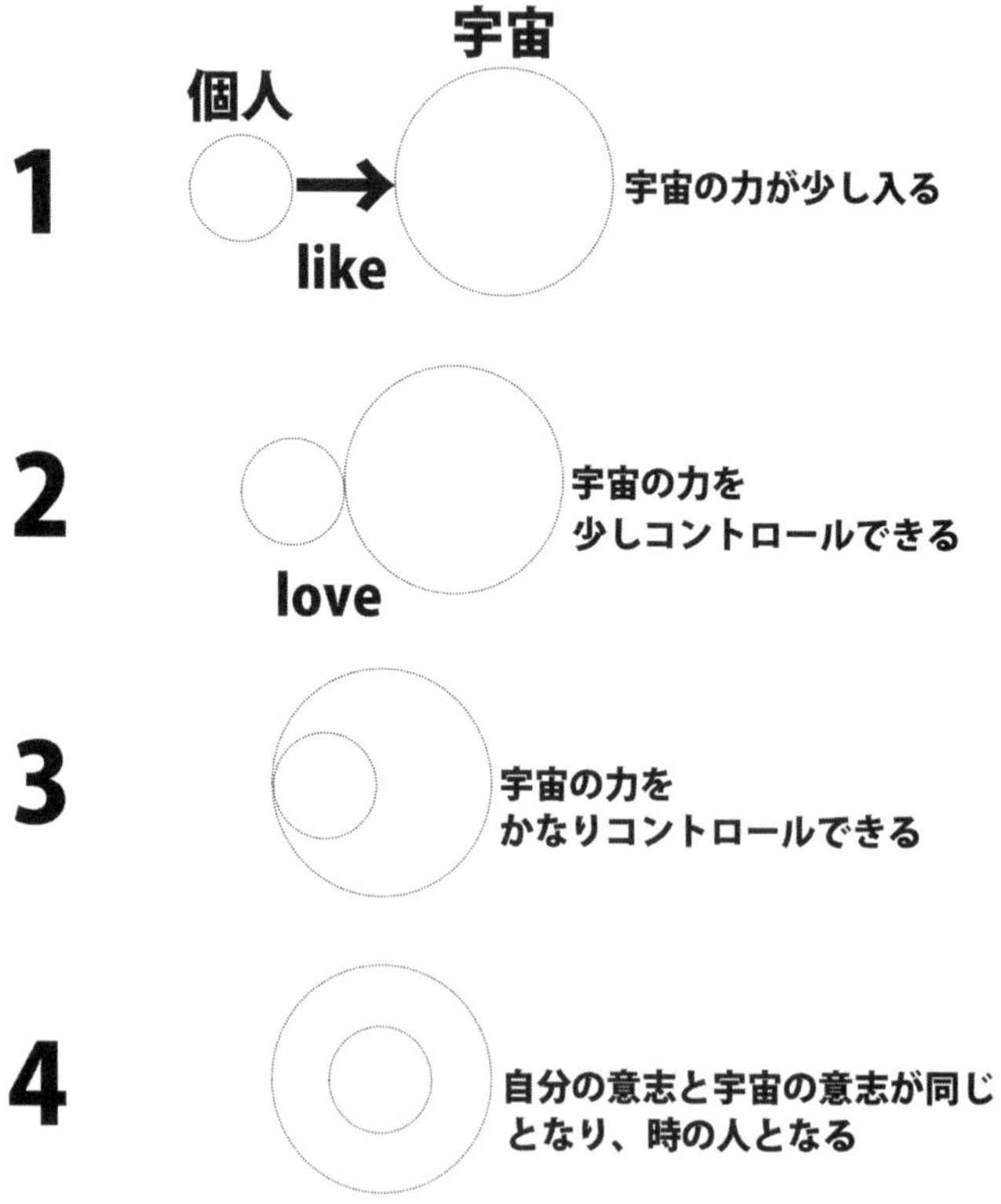
宇宙
個人
1
like
宇宙の力が少し入る
2
love
宇宙の力を
少しコントロールできる
3
宇宙の力を
かなりコントロールできる
4
自分の意志と宇宙の意志が同じ
となり、時の人となる

ので、参考にしてみてください。

●過去に亡くなった人を天国に上げるというライフワーク

最後に、私が気功師をしながら、ライフワークとして続けていることに触れておきたいと思います。それは、ひとことで言えば「先祖供養」ですが、ちょっと変わった視点からやっています。過去に亡くなった人で、天国に昇れていない方を天国に上げるということをやっているのです。

歴史上の有名な人物から無名の人まで、これまでも数百人の人を天国に上げてきました。実は、天国に行くには重要な条件があります。それは、亡くなったときの肉体が傷ついていないということです。

例えば、飛鳥時代の豪族に蘇我入鹿《そがのいるか》様という人がいます。政敵に捕らえられ、手足、耳、舌、首を切断され、眼球をえぐられ…という実に悲惨な亡くなり方をしたのですが、そのために、この方の魂は天国に行けていませんでした。

そこで、気の力でちぎれた手足や耳、舌、首などをつけ、眼球もはめてきれいな体にしました。その後は、天国への道案内をしてくれる神様をつける必要があります。

蘇我入鹿様の場合は、十一面観音様をつけたところ、無事に納得されて天国に上がることができたのです。

私は、過去に亡くなった人の魂と対話ができるようになったので、「ちぎれた手足をつけて欲しい」などの希望を聞きながら行いました。


実は、蘇我入鹿様は、殺されたことを強く恨んで、妖怪「鵺《ぬえ》」（159ページ参照）になっていました。猿の顔、狸の胴体、虎の手足、蛇の尾を持つとされる妖怪です。日本では、やがては天皇になれるほどの高い身分の方が惨殺され、ときの天皇に強い恨みを抱いた場合に、鵺になることがあります。かつて、日本には5体の鵺がいました。そのうちの1体が蘇我入鹿様でした。

しかし、私がきれいな体にして神様をつけた結果、蘇我入鹿様は人間に戻って天国に上がったので、1体の鵺が日本からいなくなりました。

同様に、私は3体の鵺を人間に戻して天国に上げました。最後に残った1体の鵺は、山《やま》背大兄王《しろのおおえのおう》様でした。亡くなった年は蘇我入鹿様より少し前ですが、同じように政敵に襲われ、手足をバラバラにされて亡くなり、ときの天皇に強い恨みを抱いて鵺になりました。私は、山背大兄王様の手足や骨も元通りにして天国に上げました。これで、日本から鵺はいなくなりました。

天皇に対して積年の恨みを抱く存在が1体もいなくなったので、これからの皇室は栄えるでしょう。すなわち、これから日本の国はよくなるのではないかと思います。

そのほかにも、私は源義経様の体のケガを治し、十一面観音様をつけて天国に上げました。これによって義経様は、８００年ぶりに天国に行けたのです。義経様は、死後、生前愛し合った静御前様と一緒におられ、静御前様も一緒に天国に行っていただきました。

また、聖徳太子様は、表向き病死とされていますが、実際は船上の宴会でお酒を飲んでいたときに刀で切られ、海に投げ込まれて水死しました。右腕と右胸に刀傷があったので、それを私が気の力で治し、弥勒菩薩様をつけて天国に上げました。聖徳太子様が立派なのは、殺されたことに対して、いっさい恨んでいないことです。

弘法大師・空海様とも対話をしましたが、「自分はすでに神様になったので、何もしなくてよい」とのことでした。

死ねば肉体は関係なくなると思われがちですが、実は亡くなるときの肉体の状態は重要です。肉体は、神様からの最高の贈り物で財産だからです。

ただし、例外がありまして、消防署の職員や警察官、自衛隊など、国家のために死んだ方は、肉体が傷ついていても無事に天国に行けます。でも、それ以外の場合に天国に行くには、肉体をきれいにする必要があるのです。これが、私のライフワークの1つです。

現在行っている気功の施術も、ナポレオン気功の紹介も「自分が神様からもらった力で、苦しんでいる人を救いたい」という気持ちで取り組んでいます。特に、本書で初公開したナポレオン気功は、ご自分で簡単に行えるばかりか、無料《ただ》で無害です。多くの人に役立てていただけたら、とてもうれしく思います。

令和5年8月
マックス超気功
代表　大原弘詩

上記の画は「鵺《ぬえ》」と呼ばれる妖怪で、『平家物語』などにも登場し、猿の顔、狸の胴体、虎の手足を持ち、尾は蛇。文献によっては胴が虎で描かれることもある。「ヒョーヒョー」という、鳥のトラツグミの声に似た大変気味の悪い声で鳴いたとされる。その住処は、現在の愛知県碧南市との説もあり、そこからたまに京都に行って騒ぎを起こしていたという。※「木曾街道六十九次之内 京都 鵺 大尾」〈歌川国芳画、嘉永5年（1852年）〉

著者略歴

大原弘詩

マックス超気功 代表

昭和33年6月、大阪府大阪市に生まれる。
中学生の時、頑固な蓄膿症を発症。耳鼻科を幾つ受診しても治らず、さまざまな健康法を試してもよくならず、社会人になるとますます悪化の一途をたどる。その後、藁にもすがる思いで全国の治療家を訪ね歩くなか、ヒーラーとして有名な忍田光氏らの施術を受けたことで、それまでなにをしてもよくならなかった蓄膿症が徐々に改善。そのことをきっかけに気功やエネルギー療法のすばらしさに目覚め、インドのサイババをはじめ、高名なヒーラーの方々や神様との出会いを重ねた結果、自らヒーラーとしての能力を開花させる。近年、陰陽師として有名な安倍晴明からヒントを得て、気功師でなくとも誰もが簡単に宇宙エネルギーを受けとれる、シールと1円玉を使った気功法「ナポレオン気功」を開発。現在、その普及に努めている。

手作り気功シールと1円玉だけで、あなたも今すぐ気功師になれる！

ナポレオン気功

2023年10月17日　初版発行

著　　者　大原弘詩
発 行 人　福永成秀
発 行 所　株式会社カクワークス社
〒150-0043　東京都渋谷区道玄坂2-18-11　サンモール道玄坂704
電話03(5428)8468　ファクス03(6416)1295
ホームページ　http://kakuworks.com

印刷・製本　株式会社シナノパブリッシングプレス
D　T　P　スタジオエビスケ

ISBN978-4-907424-36-7